Roswita Kunze-Kamp   **ICH BIN ZU FÜNFT**

Roswita Kunze-Kamp ist Psychotherapeutin. Ihr erster Beruf ist Krankenschwester. Im Anschluss an pflegerische Arbeit, Familienphase und Studium der Soziologie begann sie 1983 als Psychotherapeutin in einer Frauenberatungsstelle mit überwiegend von sexualisierter Gewalt betroffenen Frauen beraterisch und psychotherapeutisch zu arbeiten. Sie lernte humanistische Methoden – Psychodrama und Gestaltarbeit – und arbeitet bis heute ressourcenorientiert.

Ihre Arbeit in der Beratungsstelle besteht zu einem Teil aus Beratungs- und Therapiearbeit, zu einem weiteren aus Öffentlichkeitsarbeit zu aktuellen Themen.

1983 war es der sexuelle Kindesmissbrauch, der diskutiert wurde: „Das Private ist politisch" hieß es in der Frauenbewegung, „Väter als Täter" darüber hinaus – ganz allgemein gesellschaftlich.

Roswita Kunze-Kamp ergriff Partei für die Mütter sexuell missbrauchter Kinder, denen allzu schnell die Schuld für den Missbrauch zugeschoben wurde, denn sie wurden – insbesondere von den Töchtern, die in dieser Situation eine liebevolle Mutter vermissten – schuldig gesprochen, und die Täter gingen frei aus.

Roswita Kunze-Kamp zeigt in diesem Buch Wesentliches aus den Protokollen ihrer dreißigjährigen Arbeit auf. Die Auswirkungen von „Komplex-Trauma und dissoziative Identität."

Sie macht deutlich, wie tief sexueller Kindesmissbrauch und Folter in die Persönlichkeit des Menschen eingreifen, sie verändern, und die Symptome in ihrer erschreckenden Vielfalt das Leben der Menschen bestimmen. Deutlich wird auch mit wieviel Phantasie die Betroffenen damit umgehen, sich spalten, um zu überleben und trotzdem versuchen zu leben.

Sie benennt Täter – ihre Methoden und Interessen – und macht deutlich, wie sehr wirtschaftliche Interessen – das Herstellen von menschlichen Robotern zum Zweck von Menschenhandel und Prostitution – ihr Tun bestimmen.

ISBN 978-3-00-059852-4
© 2018 Roswita Kunze-Kamp, Münster
Umschlag Bildnachweis: shutterstock

ICH BIN ZU FÜNFT
Dokumente aus einem verkauften Leben

Vorwort

Dieses Buch beinhaltet keine akademische Auseinandersetzung mit dem Thema „Dissoziation" d. h. mit dem „Multipel sein", sondern bietet dem Leser die Möglichkeit an, die Probleme des „Multipel sein" nachvollziehen zu können.

Es geht darum, sich einzufühlen in das allgemeine Lebensgefühl eines Multiplen. Das Buch soll nachvollziehbar machen, was es heißt, verraten, verkauft und missbraucht zu sein für die Bedürfnisse seiner nächsten Bezugspersonen und sich selbst als verkauft und als Ware zu empfinden.

„Verkauft" fasst zusammen die Beziehungslosigkeit und die Wertlosigkeit – die Totale Beziehungslosigkeit. Neue Forschungen sagen, Beziehung ist die Voraussetzung für Leben – für Glück. Unvorstellbar, dass es Menschen gibt, die um Leben ringen und Glück nie erlebt haben, weil ihnen die Fähigkeit zum Glück genommen wurde. Das Buch ist wie ein Puzzle, in dem sich der Leser, wie die Betroffene immer wieder zusammenfügen müssen.

Inhaltsverzeichnis

1.	Einleitung	9
2.	Dissoziative Identitätsstörung	20
2.1	Multiple Persönlichkeitsstörung	20
3.	Monique – Die dissoziierte Identität	27
3.1	Monique und ihr System	30
3.2	Moniques Biografie	37
3.3	Francis	39
3.4	Monique und Francis	40
3.5	Wenn Hanna und Monique sich begegnen	41
4.	Das Ich und das Wir – Monique	44
5.	Programmierung / Konditionierung	45
6.	Absoluter Gehorsam	47
7.	Hanna Komplex-Traumatisiert	52
7.1	Dissoziation	52
7.1.1	Hanna und das Dissoziieren	52
7.1.2	Dissoziativer Impulsdurchbruch	53
7.1.3	Hanna und ihre Anteile	59
7.2	Zu Hannas Biografie	66
7.3	Das Versprechen	71
7.3.1	Die Weggabelung / die Herausforderung	71
8.	Abwehrmechanismus als Überlebensstrategie	74
8.1	Identifikation mit dem Aggressor	74
8.1.1	Einmal Opfer – immer Opfer?	77
8.1.2	Mütter	83
9.	Die Verwirrung	86
9.1	Hanna, das bedürftige Kind	86
9.2	Bindungsfähigkeit	89
9.2.1	Bindung und Beziehung	89
9.2.2	Der schuldfreie Raum	93

9.2.3	Ohnmacht – Hilflosigkeit – Suizid	95
9.2.4	Stationen der Verwirrung	96
9.3	Versuche einer Heilung	98
10.	Die Spaltung	100
10.1	Das Versprechen	106
10.1.1	Der Weg zum „Ja"	106
11.	Monique	109
11.1	Interne Kommunikation	109
11.1.1	Ja, wir fahren ans Meer!	110
11.1.2	Sie sind schuldfrei und was ist daran deine Schuld?	113
11.1.3	Monique – Stationen ihrer Therapie	120
11.2	Woran erkennt man Programmierung?	120
11.3	Wie die Täter Monique kontrollieren	121
11.4	Wie alles begann	123
12.	Hanna zwischen Macht und Ohnmacht	124
12.1	Hanna sucht. Eine Supervisorin oder Mutter?	126
12.2	Die innere Leere füllen	129
12.2.1	Parallelwelten	130
12.2.2	Der Polizist	130
12.3	Auf der Suche nach Sinn – Angst und Zerstörung	131
12.3.1	„Wie viel Zeit werde ich haben?" fragt sie.	131
12.4	Die Schuldfrage	134
12.5	Das Symbol	137
12.6	Risiko	139
12.7	Das Programm	148
12.8	Der Sinn	151
12.8.1	Zerstören was mir wichtig ist	152
Dank		167
Anhang		169
Literatur		178

1. Einleitung

Dieses Buch ist Ergebnis von fünfundzwanzig Jahren Traumaarbeit in einer Frauenberatungsstelle. Die Idee hierzu entstand in den 90er Jahren, als die Traumatologie öffentlich wurde.

Ich hatte zu der Zeit eine Psychodrama-Ausbildung abgeschlossen und mit einer gestalttherapeutischen Ausbildung begonnen. Beides sind humanistische Verfahren, die die feministische Therapie und die frauenspezifische Arbeit in der Beratungsstelle, und insofern auch meine eigene Arbeit, ergänzen, unterstützen und auf einen allgemein über die Frauenarbeit hinausgehenden Boden stellten.

In den Frauenberatungsstellen gab es längst ein Wissen um Gewalt in der Ehe/Familie, um die sexualisierte Gewalt, den sexuellen Missbrauch und die Folgen von Gewalttaten. Hierin waren „wir" – die Frauen, die in den Beratungsstellen arbeiten – Vorreiter. Die Zeit, in der häusliche Gewalt und sexueller Missbrauch öffentlich gemacht wurden, Frauen mit Büchertischen und Transparenten in den Fußgängerzonen ihr Wissen präsentierten, war noch nicht ganz vorbei. Wir arbeiteten an den Folgen sexualisierter Gewalt. Und es galt als Privileg der Frauenberatungsstellen, auf zwei Ebenen zu arbeiten: Einmal die therapeutische Arbeit mit den betroffenen Frauen und zum anderen das was wir sahen, öffentlich zu machen.

Dabei bestand die therapeutische, beraterische Arbeit zum einen aus Beratungs- und Therapiearbeit. Jede Frau, die sich auf einen Therapieprozess einließ, erhielt eine Therapiestunde in der Woche. Darüber hinaus machte ich Gruppenarbeit. Meine Gruppe war themengebunden. Ich arbeitete zum Thema „Angebot für Frauen, die von sexualisierter Gewalt betroffen sind."

Die Gruppe traf sich einmal in der Woche abends für drei Stunden. Ich bezeichnete meine Gruppe als Jahresgruppe. Immer zum Ende eines Therapiejahres verließen Frauen, die sich fit und unabhängig fühlten die Gruppe und Neue kamen hinzu.

In den folgenden Jahren zeigte sich das ganze Ausmaß sexualisierter Gewalt, verbunden mit Folter, Misshandlung, Missachtung und Alleingelassensein von Kindern. Die Folgen gingen weit über das hinaus, was wir bis jetzt angenommen hatten. Das verheerendste war die Spaltung der Persönlichkeit.

Es ist grotesk! Das Kind spaltet sich in zwei, drei, vier Kinder, um sein Überleben zu sichern, und wird später sagen: „Ich bin viele, ich bin eine multiple Persönlichkeit."

Die erste Frau kam. Ich war erschüttert. In den ersten Arbeiten bedurfte es keiner Konfrontation, sondern Entlastung. Sie war angefüllt mit Traumainhalten. Und was deutlich wurde erschütterte mein Weltverständnis, meinen Glauben an die Menschheit. Für mich brach eine Welt zusammen. Ich konnte nicht glauben, was ich sah und bald wurde mir klar: Ich brauche eine neue Qualität und Quantität der Arbeit. Ich erweiterte die Grenzen meines Tuns.

Ich hatte zunächst keine Vorstellung, wie ich dies tun könnte. Ich richtete mich nach dem Bedarf der Klientin und beobachtete sie im Hinblick darauf, wie lange sie sich nach einer Therapiestunde stabil halten konnte. Langsam arbeitete ich mich mit ihr vor, darum bemüht herauszufinden, wie sie diese Zeit der Stabilität verlängern könnte und was sie dafür tun kann, und was ihr helfen kann. Was kann sie tun, wenn sie von Katastrophenängsten überrollt wird?

Auf diese Art und Weise begann ich im Kontakt mit der Klientin ein Arbeitskonzept zu entwickeln. In der Kommunikation mit ihr benutzte ich einfache, stabilisierende Sätze.

Als erstes fiel mir auf, wie leicht sie zu beeinflussen war, und wie schnell sie bereit war, das zu tun, was ich von ihr wollte. Sie folgte, einer Marionette ähnlich. Mir schien als habe sie in ihrem Leben nichts anderes getan, als sich zu unterwerfen und zu gehorchen, zwanghaft, wie automatisiert. Ich begegnete ihr mit Respekt und einer gewissen Scheu. Zunächst folgte ich meiner Intuition, versagte mir jedes Reglementieren. Ich folgte ihr.

Wie sollte ich das tun? Jedes Reglementieren erschien mir wie ein Eingriff in ihre Autonomie. Man hatte sie konditioniert, sprach- und bewegungslos gemacht.

Sie war geprägt von Gehorsamsleistungen, Angst vor Strafe und Unterwürfigkeit. Ich ging behutsam mit ihr um. Ich stellte offene Fragen, signalisierte Annahme, bestätigte sie und strich jedes „nein" aus meinem Wortschatz. Meine Botschaft an sie war: „Sie müssen hier keine Angst haben, sie sind in Sicherheit." Ob sie mir das glaubte?

Ich sagte mir, da ist eine sehr verletzte, äußerst schreckhafte Frau und wenn ich mit ihr arbeiten möchte, muss ich erst einmal ihre Sprache verstehen und lernen, was sie braucht und was sie nicht leiden kann. Sie ist von Menschen betrogen und verletzt worden, so komme ich so achtsam und verlässlich daher wie nur möglich.

Gehorsam, Angst, Unterwürfigkeit – doch was macht die Spaltung aus? Wie ist es möglich, dass ein Mensch sich in unterschiedliche Identitäten spaltet?

Ich hatte zunächst keine Antwort.

Die „Dissoziative Identitätsstörung" oder multiple Persönlichkeitsstörung ist eine dissoziative Störung, bei der Wahrnehmung, Erinnerung und Erleben des Menschen betroffen sind. Sie gilt als die schwerste Form der Dissoziation. Menschen, die betroffen sind, spalten sich in mehrere unterschiedliche Identitäten, die abwechselnd die Kontrolle über ihr Verhalten übernehmen. Die Identität, die den normalen Alltag bestreitet, weiß meist nicht von der Existenz der anderen Personen. Sie erlebt das Handeln der anderen Personen entweder als das einer fremden Person oder sie nimmt es wie schemenhaft oder gar nicht wahr. Deswegen kann sie sich häufig nicht an wichtige persönliche Informationen erinnern.

Betroffene sagen häufig: „Ich bin viele". Es kann zu Begebenheiten führen, die merkwürdig erscheinen. So kann es z. B. passieren, dass sich die Betroffene an einem ihr fremden Ort wiederfindet, dass sie in ihrem Kleiderschrank Kinder- oder Männerkleidung vorfindet, von Leuten gegrüßt und angesprochen wird, die sie nicht kennt und auch nie gesehen hat.

Experten sagen, sich zu spalten, ist die äußerste Überlebensstrategie. Ich schließe mich ihrer Meinung an. Was ich sehe und erfahre, ist genau dies.

Sollte eine Klientin mit einer dissoziativen Identitätsstörung immer dann in Überlebensnot geraten sein, bevor eine neue Person entsteht? Wie ist das möglich? Frage ich mich.

„Jedes Messer ist eine Bedrohung," sagt sie, „ich könnte mir die Pulsadern aufschneiden." Wobei mir nicht klar ist, welche von ihren Persönlichkeiten es versuchen könnte und welche, oder wie viele, es verhindern könnten? „Wer sich schneidet, kommt in die Psychiatrie," sagen viele meiner Klientinnen.

Die Psychiatrie ist eine Bedrohung. In der Psychiatrie sein heißt eingesperrt sein, Medikamente nehmen müssen, als schizophren diagnostiziert zu werden. Wer Stimmen im Kopf hört ist schizophren, wird bevormundet und muss Medikamente einnehmen, die für „Multiple" kontraindiziert sind.

Menschen, die schizophren sind haben mit Menschen, die multipel sind eins gemeinsam: Sie hören „Stimmen im Kopf". Schizophrene empfinden diese Halluzinationen indes als real, während die multiple Persönlichkeit sich ihrer Trug-Wahrnehmung bewusst ist.

In die Psychiatrie kommen hieß damals auch: nicht gesehen werden, verkannt zu werden und nicht adäquat behandelt zu werden. Viele Multiple einigten sich mit ihren Innenpersonen, wer von ihnen diese Prozedur durchstehen möge. Sie wählten 3-5 Innenpersonen aus, die miteinander gut kommunizieren konnten.

Viele Frauen, die eine dissoziative Identitätsstörung hatten, wurden in psychiatrischen Kliniken als schizophren diagnostiziert. Lange Zeit weigerten sich psychiatrische Kliniken Traumatisierung als Ursache für psychische Störungen in dem Ausmaß anzuerkennen.

In die Zeit der 1990iger Jahre fiel der größte Paradigmenwechsel in der Psychotherapie der letzten 50 Jahre. Huber sagt, „...die Rückkehr zur Behandlung von Realtraumata. Psychische Störungen wurden wieder als das gesehen, was sie sind: nicht primär Symptome für unbewältigte innere Konflikte, sondern vor allem Ausdruck für unbewältigte reale Lebensereignisse." *(Huber, Michaela: Wege der Traumabehandlung, Teil 2, Paderborn 2003, S. 69.)*

Das Ausmaß von Gewalterfahrungen in der Lebensgeschichte der meist weiblichen Psychotherapie-Klientinnen wurde in den letzten Jahrzehnten deutlich und erkannt. Die Psychotherapie musste eine Antwort auf diese Herausforderung finden.

Ich brauchte Zeit und meine Klientinnen brauchten Zeit für die gemeinsame Arbeit. Zwei Termine à zwei bis drei Stunden und zusätzlich ein Telefontermin in der Woche könnten es möglich machen, die Klientin stabil zu halten. Stabil heißt: Die Klientin hält sich überwiegend in der Gegenwart auf. Sie kann sich orientieren, sie kennt Datum, Ort, Uhrzeit etc. und ist überwiegend kontaktfähig.

Ich arbeite mit dem Anteil der Gesamtperson, der nach vorne kommt, weil ich davon ausgehe, dass jede Person ein Teil des ganzen Menschen ist, und somit berechtigt ist da zu sein. Ich gehe davon aus, dass ich die Traumata nicht getrennt von der Entwicklung des ganzen Menschen behandeln kann, so als hätte die Klientin einen Tumor, der sich entfernen ließe und erst nach seinem Entfernen sei der Mensch imstande Therapie zu machen.

Jedes Eingreifen in das Gesamtsystem wird von der Klientin möglicherweise als Zurückweisung, zumindest jedoch als Eingriff erlebt.

Nach und nach stellte ich fest, ich musste, ja konnte sie nicht reglementieren. Sie sahen genau, wo meine Grenzen waren, meine Ermüdungserscheinungen, mein Interesse, mein Glaube, mein Erschrecken und meine Zweifel. Sie hatten gelernt auf ihr Gegenüber zu reagieren, als wären sie es selbst.

Sobald wie möglich arbeitete ich mit allen, die zu einer Person gehörten so, dass sie sich zu einem Thema zusammenfanden, d.h. im Ergebnis alle an einem Thema arbeiteten. Z.B. zeigt sich in der 1. Stunde einer Sitzung das Thema, d.h. das was ansteht, und jede Innenperson (sie oder er) gibt ihre bzw. seinen Beitrag. Dann folgt eine Pause. Im Anschluss daran heißt es zu erkennen, was das gemeinsame Thema ist und in der Folge mit allen daran weiterzuarbeiten.

Die Aufgabe ist es, das ICH zu stärken, d.h. zunächst ein gemeinsames „Wir" zu erkennen und einen Ich-Ausdruck zu finden. Das Problem ist herauszufinden, wer ist das ICH? Zunächst ist das ICH noch nicht zu erkennen.

Ich nehme jede einzelne Innenperson der Klientin in Gewahrsam und frage ihn oder sie, was machst du hier, was ist dein Job, wozu bist du da? Und sie antworten mir, jede oder jeder vor seinem Hintergrund. Ich erkenne sie an und sie sich, wenn ich sie benenne. Ich sehe sie insgesamt und einzeln und in der Vereinzelung, sehe die Gesamtperson auseinanderfallen. Ich versuche sie wieder einzufangen.

Die dissoziative Identitätsstörung erfüllt eine Schutzfunktion. Der Mensch dissoziiert, d.h. er trennt die Bereiche des Seelischen, die zusammengehören. Dissoziation bezeichnet den Prozess, in dem man Erlebtes vom Bewusstsein trennt, wenn das Erlebte ein Übermaß an Angst, Schmerz und Trauer verursacht.

Die meisten Betroffenen zeigen schwere und schwerste traumatische Erlebnisse in ihrer Kindheit auf, wobei sexualisierte Gewalt und sexueller Missbrauch die häufigsten Ursachen sind, häufig sind mehrere Täter dafür verantwortlich.

In wenigen Fällen spielen andere Misshandlungsformen in der Kindheit eine Rolle: Z. B. wenn das Kind Zeuge von Kriegshandlungen wird, nahe Angehörige Opfer des Krieges sind; wenn beim Kind medizinische Eingriffe vorgenommen wurden, die für ein Kind nicht angemessen sind. Meist ist dann die Narkose Auslöser für die Spaltung.

Darüber hinaus spielen Deprivation, Ausgeschlossensein, Verlassensein in der Kindheit eine große Rolle.

Wenn die Entwicklung gefährdet, das Kind beschädigt und verstört ist, die Bindung an eine Bezugsperson nicht möglich ist bzw. war, heißt die Diagnose: Komplexe Traumatisierung. Huber sagt hierzu:

„Unter Komplextraumatisierung versteht man eine in der Regel in der frühen Kindheit einsetzende traumabedingte Entwicklungs- und Bindungsstörung. Sie entsteht dadurch, dass das Kind von den primären Bindungspersonen (in der Regel Mutter und Vater) verlassen, verwahrlost, geschlagen und auf andere Weise körperlich gequält, gedemütigt und auf andere Weise emotional gequält und/oder sexualisiert gequält wird. *(Huber, Michaela (Hrsg.) Viele sein. Ein Handbuch. Komplextrauma und dissoziative Identität – verstehen, verändern, behandeln. Paderborn 2011: S. 21f.).*

Die erwachsene Frau, die hiervon in extremem Ausmaß betroffen war, begegnete mir im Laufe meiner Gruppenarbeit. In einer der ersten Gruppenarbeiten fiel sie auseinander in sieben kindliche und jugendliche Anteile, die allesamt als vollständige Identitäten sichtbar wurden. Das kleinste der Kinder war etwa 18 Monate alt und glaubte sich nicht allein anziehen, essen etc. zu können. Das größte Mädchen war ca. 16jährig, wusste alles besser und fand mich doof. Sie hatte keine Ahnung von der Existenz des kleinen Kindes, das ja auch sie war. Eine Erwachsene war nicht mehr da.

Ich war schockiert und erneut brach etwas in mir zusammen. Vielleicht der Rest an Glaube, es möge doch noch eine intakte heile Welt geben, in der man gut leben kann. Ich durchwachte eine Nacht, haderte mit mir, begriff zum ersten Mal in meinem Leben, was „Hader" heißt und wusste am nächsten Morgen, dass ich das Risiko eingehen wollte, die Therapie mit ihr zu beginnen. Ich mochte sie und sah ihr Ringen um Leben.

Die Arbeit mit ihr erforderte ein hohes Maß an Flexibilität und Einsatzbereitschaft von mir. Ich war für sie in erster Linie die „Mama", die sie sich lange schon gewünscht hatte, die tröstete, Wunden heilte und einfach da war. Für mich war sie zunächst eine Klientin, die im ambulanten Rahmen kaum tragbar war, für die ich auch nicht das geeignete Methodenrepertoire hatte, glaubte ich damals.

Die kindlichen Anteile waren die besten Lehrer. Ich lernte meine mütterlichen Eigenschaften und Fähigkeiten zu therapeutischen Zwecken einzusetzen, immer wieder Distanz herzustellen und die Wärme und Berührung zuzulassen, die ich für sie hatte.

Meine Fürsorge galt auch ihrem Zuhause. Sie lebte in Familie, hatte einen Ehemann und zwei jugendliche Söhne. Ich machte einen Termin mit ihr und ihrem Ehemann. Sie kam als Sechzehnjährige, die ihren „Vater" mitbrachte, d.h. sie erlebte ihren Ehemann als ihren Vater und sah in ihren Söhnen ihre Brüder. Ihr Ehemann machte deutlich, er kenne diese „Zustände" seiner Frau, sie beunruhigten ihn nicht allzu sehr, er könne sie mittragen, wolle allerdings in die psychischen Besonderheiten seiner Frau nicht einsteigen, das sei ihm zu viel, er habe seine Arbeit, seine Familie und sein eigenes Leben. „Das reicht", sagte er.

Jede komplex traumatisierte Frau mit dissoziativen Störungen, vielleicht auch dissoziativer Identitätsstörung, braucht, bevor sie in eine Traumaarbeit einsteigt, ein Maß an Sicherheit und Stabilität. „Die Arbeit beginnt mit Stabilisierung und Ressourcenaktivierung," so Huber. *(Huber, Michaela: Wege der Traumabehandlung. Trauma und Traumabehandlung. Teil 2. Paderborn, Junfermann, 2003: S. 93f.)*

Ressourcen sind Eigenschaften, Fähigkeiten, Verhaltensweisen, die ein Mensch braucht, um schwierige Situationen zu bewältigen. Jeder Mensch hat sie, es gilt, sie aufzuspüren, um in Krisensituationen darüber zu verfügen und sich stabil zu halten, das heißt präsent zu sein und in der Gegenwart zu bleiben.

Für die Therapiearbeit benutzte ich vieles, was ich aus der Arbeit mit Erwachsenen kannte. Ich ließ sie Geschichten erzählen und erzählte ihr Geschichten von dem kleinen Mädchen, das eine liebevolle Mama suchte und was es dabei erlebte. Die Geschichten enthielten meist viel Trostreiches und oft einen kurzen Ausschnitt aus ihrem Leben, der für sie besonders schlimm gewesen war. Mir schien es wichtig zu sein, dass das Kind (Innenperson) gestärkt und mutig mit den größeren Mädchen nach Hause gehen konnte.

Meistens war sie panisch und voller Angst und Schrecken. Sie konnte oft nicht glauben, dass ich ihr keine Gewalt antun würde. Manchmal, wenn sich eine Situation nicht auflösen ließ, sang ich ein Kinderlied oder das Lied: „Blue Moon", das liebte sie ganz besonders.

Jahre später nahm ich an einer Arbeitsgruppe „Psychotraumatologie für Kindertherapeuten" teil. Ich war erstaunt, wie vieles von dem wie ich mit den „Kindern" arbeitete, heute zu einer Methode gemacht worden war.

Im Laufe ihrer therapeutischen Arbeit, als die erste erwachsene Frau sichtbar wurde, stand sie vor der Frage: „Wie geht mein Leben weiter?" Häufig war sie erschöpft: Die Therapiearbeit, das Eintauchen in die Vergangenheit, sich in Beziehung zu setzen, die Puzzleteile zusammenzufügen und das Nichtwissen um ein Ergebnis nahm sie in Anspruch – zusätzlich zu ihrer realen Arbeit, ihrer Teilnahme am gesellschaftlichen Leben und der Frage: „In welche Richtung will ich gehen? Will ich mich dem allen entziehen, für mich eine Rente beantragen und den Aufenthalt in Kliniken als Möglichkeit sehen, oder will ich den Weg der Heilung gehen?"

Sie hatte das Bild einer Weggabelung vor Augen und probierte aus – in ihrer Vorstellung. „Ich will alles" war ihre Antwort. Sie wollte Herausforderungen und sie wollte Zeiten der Ruhe und Gesundung. Für sie war dies eine bewusste Entscheidung, an die sie sich immer wieder erinnern und anbinden konnte.

Sowohl in der Arbeit mit Frauen, die von einer dissoziativen Identitätsstörung betroffen sind, als auch in der Arbeit mit den kindlichen Anteilen der komplex traumatisierten Klientinnen geht es mir darum, das Ganze zu suchen und zu sehen, die Ganzheit zu finden, aus der Summe der Anteile das Wesentliche, das hinter dem Alltäglichen zu erahnen ist, zu entdecken, ihm zu helfen sich zu formen, um mit den Gestalttherapeuten zu begreifen: Das Ganze ist mehr als die Summe seiner Teile.

Das gilt auch für die Gruppenarbeit in der Beratungsstelle. Die Spaltung ist allen Betroffenen immanent. Jede spaltet das Gefühl vom Körper und gibt ihm möglicherweise eine eigene Gestalt.

„Erlöse mich von dem Übel oder dem Bösen, wie heißt es denn noch im Vaterunser?" fragt mich eine Klientin, heute nach zehn Jahren Therapiearbeit. Sie begreift, dass das Böse im Außen liegt und sie ihre Ganzheit bewahren kann ohne das Übel als zerstörerischen Anteil von sich zu begreifen und dennoch bleibt sie in der passiven Beschreibung: Man möge sie erlösen von dem Übel, statt: Ich befreie mich von dem Übel. Das ist in mir, sagen viele Frauen und ich kann nichts dagegen tun. „Ich bin das Monster", und als Beweis dafür bringen sie alle Gräueltaten ins Spiel. So verkehren sie Ursache und Wirkung und behaupten, sich und ihre Umgebung schützen zu müssen vor sich selbst.

Sie kreieren Personen, die den Schutz übernehmen, sie dissoziieren unterschiedliche Personen mit unterschiedlichen Funktionen. Fast jede Frau dissoziiert Persönlichkeiten, die besondere Fähigkeiten haben, gesellschaftliche Anerkennung suchen, den vermeintlichen Erwartungen anderer folgen und viel Kraft darauf verwenden zu zeigen wie brillant sie sind. Im Gegensatz dazu sind auf der anderen Seite des Pendels die schutzbedürftigen Anteile der Person, die, wenn man die Person von außen als Ganzheit betrachtet, die unterdrückten Bedürfnisse des schutzbedürftigen Selbst tragen.

Für die Arbeit mit betroffenen Frauen heißt dies, besonders wachsam zu sein, die Verführer zu kennen, zu wissen, wie leicht sie sich ablenken lassen, sich in schönerem Licht nicht nur darstellen als es der Realität entspricht, sondern auch ihr Leben „planen" als seien sie gesund und geheilt und zu Vielem imstande, das ihre Schutzbedürftigkeit außer Acht lässt.

So sind sie häufig bereit, sich von kurzzeitigen symptomorientierten Therapieprogrammen begeistern zu lassen, in der Hoffnung auf ein

Leben ohne Symptome und Defizite und Erinnerungen an erlebte Traumata.

Häufig willigen sie in die Therapieprogramme ein, trotz ihres Wissens um die Vergeblichkeit kurzer Entlastung und trotz ihres Wissens um die eigene Illusion dies zu verkennen. *(Vgl. Butollo, Willi, Karl, Regina. Dialogische TraumaTherapie. Manual zur Behandlung der Posttraumatischen Belastungsstörung. Klett.Cotta Stuttgart. 2012: S. 21f.)*

Hier ist es m.E. die Verantwortung des Therapeuten, sie aufzuklären, ihr möglicherweise anhand ihrer eigenen Erfahrungen deutlich die Folgen ihrer Entscheidung aufzuzeigen.

Ungefähr fünfzehn Jahre nachdem ich meine erste Klientin mit einer DIS kennenlernte, zeigte sich das ganze Ausmaß ihrer Störung: – Der rituelle Missbrauch.

Das ist, wenn Menschen – meistens Frauen – in Sektenkreise „hinein sozialisiert" werden unter extremen Folterqualen, Vergewaltigung, Morddrohungen, oder wenn sie dazu gezwungen werden zu töten – wenn sie schon als Kind im Vorschulalter Urin trinken können ohne sich zu ekeln – wenn sie schon im Alter von fünf Jahren nicht nur zur Prostitution gezwungen werden, sondern gelernt haben, alle sadistischen Bedürfnisse von Männern zu befriedigen. Betroffene haben meist eine DIS entwickelt. Dies ist von den Tätern gewollt. Mit der Spaltung sind die Frauen leichter händelbar für sie. *(Vgl. Hahn, Brigitte: Rituelle Gewalt – Das (Un)heimliche unter uns: Münster, dialogverlag. 2014. S. 17f.)*

- Wer sind die Täter?
- Warum tun Menschen so etwas?

Menschen tun so etwas aus zwei Gründen: Zum einen um ihrer Ideologie – hier in unserem Umkreis meistens dem Satanismus – zu folgen.

- Der Satanismus geht davon aus, dass Satan von seinen Anhängern verlangt, unvorstellbare Schmerzen zu ertragen. Je mehr die Mitglieder aushalten, um so bedeutsamer werden sie für ihn.
- Zum anderen ist das ein Wirtschaftszweig. Die Sekten leben von Kinderpornographie, Prostitution, Menschenhandel und Drogenhandel.

Was Menschen in den Sekten widerfährt, gelangt nicht in die Öffentlichkeit. Menschen, die in solche Gruppierungen geraten, werden systematisch zum Schweigen gebracht. Von dem Leben in ihrem Bund dringt nichts nach außen, solange sich keine Mitglieder zum Ausstieg überwinden können. Die Betroffenen sind extrem manipuliert, folgen Reizen, die auf sie einwirken, um bestimmte Dinge zu tun und leben in einer Welt, die ihnen aufgezwungen wurde. *(Hahn, Brigitte, a.a.O. S. 15 ff.)*

Für meine Klientin war der wichtigste Schritt, und das gilt für jede Betroffene, aus dem Kult auszusteigen, die Entscheidung zu treffen, Helfer und Therapeuten zu finden, die sie unterstützen. Die Kult- bzw. Sektenmitglieder haben ein wirksames Netz und scheuen vor Folter, Vergewaltigung und Tötung nicht zurück. Meine Klientin war sehr entschieden. Sie nahm Strapazen in Kauf und schaffte den Weg.

Je mehr sexueller Missbrauch und ritueller Missbrauch in die Öffentlichkeit geraten, umso geringer sind die Chancen der Täter ihre kriminellen Netzwerke aufrechtzuerhalten.

Die Übergänge in der Therapie sind oft fließend und zu Beginn ist manchmal nicht sichtbar, wie weit die Beeinträchtigungen gehen. *(Siehe hierzu: Huber Michaela, Viele Sein. Paderborn 2011.)*

2. Dissoziative Identitätsstörung

2.1 Multiple Persönlichkeitsstörung

Ich lernte das Phänomen „Multiple Persönlichkeitsstörung" 1992 kennen. Die ersten Bücher erschienen, wie z.B. „Sybill", kurze Zeit später eröffneten psychosomatische Kliniken die Möglichkeit der stationären Behandlung und insgesamt öffnete sich in den folgenden Jahren eine psychische Landschaft der Traumatisierungen, die bis in die 90er Jahre verschwiegen und tabuisiert worden war.

Die erste Klientin, die zu mir in die „Beratungsstelle Frauen helfen Frauen" kam, präsentierte mir ein Bild, wie es deutlicher nicht vorstellbar war.

Sie kam, schlich im Flur entlang der Wand „Bin ich hier richtig?" Soeben hatte sie den Therapieraum betreten, sank vom Stuhl auf den Boden. Sie war ein Kind.

So wechselte sie in der ersten Stunde vom Erwachsenenstatus in den eines 2jährigen Kindes, zeigte deutlich, wie sehr sie sich bedroht fühlte und schien mich mit einem Familienangehörigen, vor dem sie sich fürchtete, zu verwechseln.

Sie sprach in einer fremden Sprache – flämisch, wie ich später von ihr erfuhr – fragte mich, ob sie sich ausziehen solle. Sie war voller Angst. Ich versuchte sie zu beruhigen, sie stellte sich hin, war wieder erwachsen und fragte mich, was passiert sei. Sie wusste nichts von dem, was sie Minuten vorhergesagt und getan hatte.

Eine Frau mit einer multiplen Persönlichkeitsstörung, erfuhr ich wenig später, oder einer „dissoziativen Identitätsstörung DIS", so der fachliche Ausdruck.

Ich war erstaunt, irritiert, das hatte ich noch nie gesehen. Zunächst dachte ich an eine Regression, eine Frau die regrediert, doch ich war sicher: Das was hier geschah, war ein anderes Phänomen – eben eine Spaltung, und nicht nur ein Eintauchen in ein früheres Kindheitserleben.

Die Frau, die ich dann kennenlernte, spaltete sich in Frauen, Männer, Kinder mit unterschiedlichen Erfahrungen und Erinnerungen und mit einer je eigenen psychischen Struktur. Viele Personen, die sich einen

Körper teilen.

Damals in den 1990er Jahren, als das Thema öffentlich wurde, löste dies Faszination aus und Entsetzen, je genauer sichtbar wurde, was ein Mensch mit ähnlichen Symptomen erlitten hatte und was ihm zugestoßen ist.

Jedoch weder mit Faszination noch mit Entsetzen wird man dem Menschen mit MPS (so die Abkürzung damals, heute spricht man von einer dissoziativen Identitätsstörung = DIS ist die Abkürzung) gerecht. Auch die Fachwelt und die Medien blieben und bleiben davon nicht ausgeschlossen.

Je länger ich mich mit dem Problem der Menschen beschäftigte, umso klarer wurde mir, wie wenig hilfreich diese Reaktion für die Betroffenen war. Beides stellte nicht einmal Kontakt zu ihnen her, sondern hielt sie von sich fern, sah sie aus der Ferne.

Für uns, die wir uns als Einheit begreifen, uns als die Krone der Schöpfung verstanden wissen wollen, ist die Vorstellung, wir könnten in „Viele" aufgeteilt sein, unvorstellbar. Wir könnten Männer und Frauen und Kinder in uns unterbringen, möglicherweise auch solche, die nicht unserem Entwicklungsstand entsprechen, die Dinge tun, die wir nicht gutheißen – überhaupt etwas tun, das uns gar nicht entspricht. Mädchen, die sich prostituieren, Kinder, die nach ihrer Mama rufen oder Männer, die sich in Frauenkleidern bewegen.

Ich konnte mir nicht vorstellen, was da passierte, was ihnen, den Frauen passiert war und wie es möglich sein könnte, sich körperlich um 10 cm zu vergrößern oder zu verkleinern. Ich probierte das aus.

Ich reckte mich, machte Übungen, die mich in die Länge ziehen sollten. Doch nichts passierte. Ich erreichte 2 cm länger oder kürzer, mehr war nicht drin, was immer ich auch anstellte.

Menschen mit einer DIS sind betroffen von sexualisierter Gewalt, von sexuellem Missbrauch, Folter und extremen Formen von Misshandlung.

Die Misshandlung, der sexuelle Missbrauch und/oder die Folter beginnen meist schon im Säuglingsalter. Schon lange bevor sich das Ich des Kindes bildet. Mit etwa 2-3 Jahren beginnt das Kind Ich zu sagen, vorher nennt es sich beim Namen.

Nicht jedes Kind, das von extremer Gewalt betroffen ist, entwickelt MPS. Viele Kinder sterben, wenn sie von extremer Vernachlässigung, Missbrauch und sexualisierter Gewalt betroffen sind.

Seit René Spitz Beobachtungen und Untersuchungen von Säuglingen in Waisenheimen machte, wissen wir, dass Säuglinge mit extremem Verhalten und Tod auf Verlassenheit durch ihre Pflegerin reagieren. D.h. Kinder sind auf Bindung angewiesen. Sie brauchen eine Antwort auf ihre Mimik und Gestik.

Michaela Huber, Traumatherapeutin, Supervisorin und Autorin, beschreibt, dass Kinder, die DIS entwickelt haben, meistens weiblich sind, einen extrem hohen Lebenswillen besitzen, sowie die Fähigkeit haben zu dissoziieren, also zu spalten, und von schwerer und sexualisierter Gewalt verbunden mit Strafen und Sanktionen betroffen sind. Diese hindern das Kind daran, über das zu reden, was ihm geschehen ist. So wird das Kind in die Einsamkeit getrieben. *(Vgl. Huber, Michaela, Multiple Persönlichkeiten. Überlebende extremer Gewalt. Ein Handbuch. Frankfurt am Main 1995. S. 38 – 55.).*

Das Kind entwickelt DIS als letzte Möglichkeit zu überleben. Solange es irgendwo einen Hoffnungsschimmer für es gibt, z.B. jemand, der es tröstet, muss es sich nicht in Viele spalten.

Beispiele dafür, wie die Persönlichkeit des Kindes von Tätern bzw. Täterinnen demontiert wird

Michaela Huber hat 1995 schon zum Thema: „Multiple Persönlichkeitsstörung" mitgeteilt: „Es beginnt meist mit dem Vater oder Stiefvater oder Großvater oder welche männliche – manchmal auch weibliche – „Hauptperson" auch immer Zugang zum Säugling oder Kleinkind hat. Denn in der Regel sind Multiple bereits als ganz kleine Kinder schwerster Traumatisierung ausgesetzt gewesen *(Huber, 1995)*.

Die Strategien, derer sich die Täter bedienen, sind meist ähnlich. Der Mann bemächtigt sich des Kindes, liebkost es, um es anschließend zu vergewaltigen. So der Vater von Monique, sie sagt: „Er kam abends angetrunken nach Hause. Ich hörte ihn und ich hörte, wie meine Mutter ihre Tasche nahm und zur Tür hinausging. Er kam ins Zimmer nahm mich aus dem Bett, streichelte und küsste mich, sagte ich sei sein ein und alles." Monique beschreibt den weiteren Verlauf, sie mache sich steif, beschreibt ihre Angst „und dann", sagt sie: „wurde es dunkel"... so Monique.

„Am nächsten Abend," so Monique „brachte er Kumpel und Kollegen mit".

Häufig reicht der Mann das Kind weiter an andere Männer (die oft auch dafür bezahlen): Verwandte, Kumpels, Kollegen, dann auch an Fremde. Häufig werden pornografische Fotos und Filme hergestellt. Der Täterkreis wird nach und nach immer größer. Das Kind wird körperlich misshandelt und gequält, dann ist (kurzfristig) jemand lieb zu ihm und schenkt ihm etwas. Das Kind wird zum Schweigen gebracht. Man sagt ihm, dass es selbst oder sein Lieblingstier, seine Freunde oder Menschen, von denen es Hilfe erhofft, sterben müssen, wenn es etwas verrät. Das Kind gerät in einen Gewissenskonflikt: Wie auch immer es sich entscheidet, es trägt die Verantwortung für das, was ihm passiert und anderen. Irgendwann beginnt das Kind, nicht mehr zu glauben, dass es misshandelt wird. Es verdrängt das Geschehen in den Bereich der Träume und dissoziiert Erinnerungen und Bilder.

- Ihr Vater war ihr zuerst als Retter in Erinnerung. „Mein Vater war mein Retter. Er hat mich geliebt". Sagt Monique. Er hat das Kind „Es" aus der Situation befreit. „Es" liebkost und „Es" gerngehabt. „Es" war der in der Vergewaltigung abgespaltene Anteil, ein Kind.

Oft bekommen die Täter, zumindest wenn sie das Kind über Jahre in ihrer Gewalt haben – die Personenwechsel mit. Sie machen sich das Multipel-Sein des Opfers zunutze. Der neu auftauchenden „Person", die aufgrund ihrer extremen Verwirrung stark beeinflussbar ist, wird suggeriert, sie genieße das alles (Gewalt und Sex): „Das macht dir doch auch Spaß!" sagt der Täter.

Irgendwann ist das Kind in seiner Wahrnehmung so verwirrt, dass es dem Täter mehr glaubt als sich selbst. Ebenso häufig suggerieren die Täter dem Kind: „Du bist ja verrückt," oder: „Du bist der letzte Dreck, niemand wird dir glauben." Meistens bewahrheiten sich leider diese Drohungen für das Kind. Es glaubt ihm wirklich niemand. Es selbst macht immer wieder die Erfahrung, dass es Schwierigkeiten hat im Umgang mit anderen Menschen, z.B. in der Schule. Wie oft sitzt es in seiner Schulbank und hört oder begreift nicht, was die Lehrer sagen. Oft macht es die Erfahrung, nicht zu wissen, welcher Tag heute ist oder in welcher Schulklasse es ist. Diese Erfahrungen nimmt es dann als Beweise für das, was die Täter ihm sagen. Es denkt, „ich bin verrückt".

Auf diese Weise werden Kinder zu kleinen Robotern programmiert. Ihre Selbstwahrnehmung ist erschüttert. Sie trauen dem Täter mehr als sich selbst und binden sich mit jeder Erfahrung stärker an den Täter. Die Täter nutzen diese Situation weiter aus. Sie bringen das Kind in Überlebensnot und sagen dann dem Kind, was es von sich und dem Täter denken soll. Z.B.: „Ich bin eine Prinzessin, ich bin XY's (Name des Täters) Prinzessin, Prinzessinnen sind bessere Kinder und nur für XY (also den Täter) da." Oder: „Ich bin ein Nichts, ohne XY gibt es mich nicht. Ich bin nur durch XY da."

So erreichen die Täter die völlige Loyalität des Kindes. Das Kind ist ihnen ausgeliefert, nicht nur weil das Kind Kind und somit schwächer ist. Die Positionen sind festgelegt. Ein verabredetes Signal genügt, z.B. das Klingeln des Telefons, und das Kind weiß, wie es sich jetzt verhalten muss. Der Täter muss nicht jedes Mal sein Stärkersein neu beweisen. Die Kinder bleiben gefügig, wie dressiert, und wissen, was sie aus der Sicht des Täters zu tun und zu lassen haben.

So geschieht es, dass kleine Kinder sich freiwillig prostituieren, den Zuhältern folgen und beliebigen „Freiern" überreicht werden.

Diese Tatsache führt im Laufe der Therapie häufig dazu, dass einzelne Innenpersonen, die loyal mit dem oder den Tätern sind, ihnen genau berichten, was im therapeutischen Prozess geschehen ist.

Besonders prekär ist die Situation für Betroffene, wenn Mütter die Täterinnen sind. Ähnlich wie die männlichen Täter suggerieren sie dem Kind schon im Babyalter seine Minderwertigkeit, um es gefügig zu machen.

Hanna sagt: „Die Mama war nie da. Wenn ich da war, war sie nicht da. Und wenn sie da war, war ich nicht da. Entweder sie oder ich". Sie stellte ihre Allmacht gegenüber dem Kind in den Vordergrund: „Du bist mein, ich habe dir das Leben gegeben und kann es dir auch wieder nehmen." „Du bist unfähig." „Du kommst mit keinem Menschen klar, du musst bei mir bleiben, weil du nicht taugst in dieser Welt." „Du bist verrückt und gehörst in die Psychiatrie." Das Kind dissoziiert die sadistischen Taten der Mutter ebenso wie seine Wünsche nach Geborgenheit und Liebe. Und es glaubt den verinnerlichten Sätzen und Botschaften der Mutter. So gerät es der Mutter gegenüber in eine Sklavenhaltung, die es und seine Innenpersonen – in diesem Fall nur Mädchen – bis ins Erwachsenenalter beibehalten. Die Bindung der Erwachsenen und der Kinder an die Mutter ist total. Ihre Beziehungen zu anderen Menschen sind geprägt von massiver Bedrohung und Misstrauen sowie von unbeschreiblicher Sehnsucht danach „lieb gehabt zu werden".

Das Kind in der Familie, d.h. in der Missbrauchsfamilie, lebt in ständiger Angst vor Übergriffen des Täters und in der Hilflosigkeit: Wie kann es damit umgehen, wie kann es sich befreien? Und es muss zahlreiche Anpassungsleistungen erbringen, die die Psyche des Kindes völlig überfordern.

Wie soll es den Menschen, meistens den Eltern, vertrauen, die nicht vertrauenswürdig sind? Wie soll es sich sicher fühlen in einer Umgebung, in der nichts sicher ist, in der es nur Angst und Unsicherheit gibt *(Vgl. Herman, Judith-Lewis. Die Narben der Gewalt, München 1993, S. 142f.)*

Und wie soll es die Kontrolle wenigstens ansatzweise behalten? Wie kann es das Geschehene ungeschehen machen? Wie kann es weiterleben mit dem, was passiert ist?

Von „Doppel Denk" und „Doppel Selbst" spricht Herman in „Die Narben der Gewalt", (S. 145) und meint damit die Spaltung, die das Kind vollbringen muss, um trotz seiner existentiellen Not ein „gutes, angepasstes" Kind zu sein. Es fühlt sich einer gnadenlosen Macht ausgeliefert und darf dennoch die Hoffnung nicht verlieren und muss an einen Sinn glauben. Es lebt in einer Familie, in der es nur Angst, Hilflosigkeit, Gewalt und Tyrannei gibt, und dennoch wird von ihm erwartet, dass es seine Pflichten als Kind erfüllt, den Eltern vertraut, sich sicher und geborgen fühlt. Es lebt in „zwei Welten" – Klientinnen sprechen auch von den Parallelwelten – in der Welt des Missbrauchs und in der „normalen Welt", in der es den Eltern vertraut, ein gutes angepasstes Kind ist. In dieser Welt erlebt es scheinbare Sicherheit, hier gibt es die Familie, Schulfreunde, Kameraden, hier leben alle anderen, hier ist es an die Eltern gebunden. Diese Bindung an die Eltern will es nicht aufgeben. Diese scheinbare Sicherheit ist ihm lieber als sich zu trauen dieses Chaos zu ordnen, sich selbst zu glauben und zu vertrauen. *(Herman, a.a.O. S. 145ff)*.

Das doppelte Selbst schafft das Kind in seiner Sinnsuche: Wenn es die Tatsache des sexuellen Missbrauchs nicht länger leugnen kann, muss das Kind ein Sinnsystem konstruieren, das die Tat rechtfertigt. So kommt es zu dem Schluss, dass das Böse in ihm selbst der Grund für den Missbrauch ist.

Alle Strategien des Kindes: Doppel Denk, Doppel Selbst, das Leben in zwei Welten, die Parallelwelt und die Dissoziation dienen dem Kind dazu, das Geschehene nicht wahrhaben zu wollen und die ursprüngliche Bindung an die Eltern zu erhalten.

3. Monique – Die dissoziierte Identität

Das wichtigste, was es zu verstehen gibt, ist dies: Eine Betroffene besteht aus vielen Persönlichkeiten / Anteilen/ Ich-Zuständen / Alter- oder Innenpersonen, je nachdem wie sie sich sieht, wie es für sie stimmt und wie sie sich nach außen zeigt. In Wirklichkeit sind alle Anteile – und wenn sie noch so unterschiedlich sind – eine einzige Person.

Monique war – zeitlich gesehen – meine erste Klientin mit einer DIS. Genau die, die mir damals 1992 als erste begegnete, als alles noch absolutes Neuland war, und die sich von jetzt auf gleich in ein 2jähriges Kind verwandelte.

Anfangs fiel es mir schwer, das zu glauben, zu verstehen und zu begreifen, was ich sah: Viele Personen in einem Menschen mit unterschiedlicher Körpergröße, unterschiedlicher Haarfarbe und unterschiedlicher psychischer Struktur.

Ich lernte die unterschiedlichen Persönlichkeitsanteile kennen. Ich nannte sie Innenpersonen und stellte fest, dass Monique nicht um ihre Anteile wusste. Die ganze Person mit ihren Anteilen bzw. Innenpersonen nannte ich „das System"

Ich konfrontierte Monique mit ihrer Diagnose.

Ich habe ca. 10 Jahre mit Monique gearbeitet. Es war eine intensive und harte Arbeit. Damals geriet die „Multiple Persönlichkeit", inzwischen „Dissoziative Identitätsstörung" immer mehr in die Öffentlichkeit. Zunächst gab es sehr wenig spezielles psychotherapeutisches Handwerkszeug. Ich berief mich auf das, was ich gelernt hatte: „Psychodrama" und „Gestalt".

Ich hatte somit sehr schnell einen Zugang zur „inneren Bühne" der Klientin. Aufgrund meiner Psychodrama-Ausbildung und meiner Arbeit mit dem Psychodrama fiel es mir nicht schwer, mich in die Möglichkeit vieler „Ichs" in einer Person hineinzudenken und mich zu beziehen. Vielleicht erleichterte mir auch die Tatsache, mit sechs Geschwistern aufgewachsen zu sein diese Arbeit.

Ich mochte Monique. Ich konnte zunächst nicht verstehen, wie ein Mensch sich in so viele spalten kann. Doch je mehr ich von ihr sah, umso mehr begriff ich: Die Spaltung und die Dissoziation sind die letzte Bastion. Sie sollen das Überleben und Leben des Menschen sichern.

Mein Anliegen war damals, sie möge sich so schnell wie möglich von all den Gräueltaten, Inhalten und Situationen befreien, und dabei wollte ich sie unterstützen. Ich arbeitete zweimal wöchentlich drei Stunden mit ihr. Deutlich wurden hier zunächst die aktuellen Dramen, eine Vergewaltigung, die erst vor einem halben Jahr hier in B-Stadt passierte und eine Todesandrohung auf offener Straße und die Dramen ihrer Kindheit und Jugend. Ich war erschüttert. Alles häufte sich. Zu jedem Termin erschien eine andere Person mit einem neuen Trauma als Hauptakteur. Jeder oder jede der Situation angemessen in eigener Kleidung. Ich konnte es nicht fassen, so viele Unfälle und Attacken auf das Leben eines Kindes und jungen Menschen! Drei Jahre lang kam sie und kamen sie ohne eine Beziehung zu mir aufzunehmen. Ich blieb für sie anonym eben „die Frau". Danach nannten sie mich mit meinem Vornamen und duzten mich, so die Vereinbarung.

Monique und ihre Innenpersonen nannten sich „wir" oder auch „ich", wenn sie sich als einzelne Person meinten.

Monique war immer darauf bedacht alles in ihrem Sinne richtig zu machen und das Beste für das ganze System zu wollen, vor allem das Beste an Schul- und Universitätsausbildung. Oft hatte ich den Eindruck als müssten sie den Schaden, der ihnen zugefügt wurde ausgleichen, um zu beweisen, dass der Schaden nicht zu einer Schädigung ihres Kerns und Intellekts geführt hatte. Sie wollten gut dastehen, auf jeden Fall, ohne verhindern zu können wie sehr sie (Monique) in verschiedene Richtungen driftete und das ganze System darunter zu leiden hatte.

Monique manipulierte nicht nur ihre Körpergröße. Sie nahm Einfluss auf ihr Sehen und Hören, alles zur Angstabwehr – zum Schutz. Sie hatte ein sehr feines Gehör, mit dem sie einen „Feind" von weitem ankommen hörte, und sie sah nur dreidimensional. So konnte sie allem von weitem eine Gestalt geben, um sich rechtzeitig schützen zu können ohne es wirklich zu können.

Unerschütterlich war Moniques Glaube an die „guten" Eltern. „Die Eltern", so Monique, „sind an und für sich gut, weil sie Eltern sind."

In ihrer Traumaarbeit erfuhr sie vom Tod ihrer Mutter:

Sie sah sich als Dreijährige in den Armen ihrer Mutter liegen und wusste, dass ihre Mutter kalt, also tot war. Sie war heute so entsetzt und sprachlos wie damals. Ihre Mutter war Allergikerin gegen Aspirin. Sie hatte 2 Tabletten genommen und sich mit Monique im Arm zum Mittagsschlaf hingelegt. Und Monique erfuhr, was weiterhin mit ihr geschah. Sie sah ihren Vater sie vergewaltigen. Bevor sie dieses deutlich sah, wurde sie psychotisch. Nur Monique als Anteil des ganzen Systems verschloss sich durch die Psychose vor der Realität. Alle Menschen in ihrer Umgebung waren von Käfern besetzt, überall auf dem ganzen Körper sah sie sie. Nur ich als ihre Therapeutin blieb davon verschont und hatte somit Gelegenheit, den Kontakt zu ihr aufrechtzuerhalten. Ich erfuhr damals von Kollegen, die sich auskannten, dass psychotische Zustände, die nur einen Anteil des Systems betreffen, durchaus vorkommen können und meistens eine Möglichkeit darstellen, die Realität nicht wahrhaben zu wollen. Sie wollte nicht wahrhaben, dass ihr Vater der erste Vergewaltiger in ihrem Leben war.

Monique erinnert sexuellen Missbrauch mehrerer Täter. Darüber hinaus Misshandlungen und grausame rituelle Misshandlungen, die bis in die Gegenwart hinein dauerten.

Programmierungen durch die rituellen Missbräuche wurden deutlich. Monique kam mit einem Rucksack voll von Rotwein und Aspirin. Sie wollte sich suizidieren, wie ihre Mutter es getan hatte. Im therapeutischen Prozess stellte sich heraus, dass sie den Auftrag ihrer Täter hatte dies zu tun: Das war der Beginn einer Reihe von Programmierungen, denen sie unterworfen war und denen sie folgte, ohne selbst eine Entscheidung treffen zu können. Sie war einem sadistischen Täter ausgeliefert, dem „Wert", der sie total in der Gewalt hatte.

Ich habe am Ende dieses Kapitels ausführlich über „Rituellen Missbrauch", über Täter und ihre Praktiken berichtet. :

Monique wurde in ihrem System von den Innenpersonen „Dornröschen" genannt. Sie wurde von ihnen als ständig nicht präsent bezeichnet. Sie war durch die Programmierungen, denen sie folgte tatsächlich wie in Trance.

Drei Jahre arbeitete ich allerdings mit Monique, ohne eine Ahnung von Programmierung zu haben. Erst als mich Kayla (Innenperson von Monique) informierte, wurde ich wach für dieses Thema. Ich informierte mich und versuchte mit Monique zu besprechen, wie ihr Prozess weitergehen könnte. Das führte zu keinem Ergebnis. Monique war so überflutet, dass sie keine Entscheidung treffen konnte.

Ich als ihre Therapeutin war in einem Konflikt: Was sollte ich zuerst tun? Als erstes ging es darum, den Täterkontakt zu unterbrechen, um sich von dem Missbraucher zu lösen.

Danach – oder zum Teil auch zeitgleich – bestand die therapeutische Arbeit darin, die Programme aufzulösen.

Es ging um „klassisches Konditionieren", und das Löschen bzw. Auflösen von Situationen, die denen der Pawlow'schen Hundeexperimente entsprachen.

In den ersten fünf Jahren ihrer Therapie war Monique ausschließlich in der Beratungsstelle bei mir in Therapie. Danach war sie mutig genug, zusätzlich in einer psychosomatischen Klinik eine „Intervall-Therapie" zu machen. D.h. neben der ambulanten Therapie ging sie in Abständen von einigen Monaten zu stationären Klinikaufenthalten. In der Klinik bestand die Möglichkeit für sie versorgt zu sein, in Sicherheit Erfahrungen zu machen, die draußen gestört worden wären.

3.1 Monique und ihr System

Inzwischen weiß Monique um ihre Anteile, bzw. weiß sie und ihre Anteile wissen, dass ihr Körper ca. 35 Personen beherbergt. Einige von ihren Innenpersonen wissen es, obwohl sie mehrheitlich keinen Überblick über das ganze System haben.

Da sind mehrere erwachsene Frauen, Mädchen, junge Männer, ein alter Mann und viele Kinder. Jeder bzw. jede hat ihre Funktion und Aufgabe. Inzwischen hat Monique, ca. 10 Innenpersonen – die Führenden des ganzen Systems – und auch ich habe einen Einblick in ihre Biografie getan, sie teilt sich mit, bzw. sie gewährt einen Einblick.

Das System stellt sich vor.

Im Folgenden zeichne ich auf, wie Monique ihr System organisiert:

Alle Innenpersonen haben einen eigenen Sitz im Körper. Sie, Monique, sieht ihre Spaltung als körperbezogen an, so als hätte auch der Körper die Spaltung vollzogen. Sie sieht sich nicht nur so an, sie nimmt sich auch so wahr.

Die meisten Innenpersonen haben einen eigenen Namen; überwiegend auch eigene Kleidung.

Die Größe der Persönlichkeiten schwankt zwischen 161 cm und 172 cm, die Haarfarbe zwischen aschblond und rotgoldblond, die Augenfarbe zwischen graublau und himmelblau.

Personen, die überwiegend rational bestimmt sind zeichnen sich durch Logik/Überblick etc. aus – haben ihren Sitz auf der rechten oberen Körperhälfte, emotional bestimmte Personen haben ihren Sitz auf der linken oberen Körperhälfte. Kinder-Personen befinden sich in der Körpermitte.

Das ganze System ist ständig in Habachtstellung: Monique und ihre Anteile haben mehrheitlich ein so scharfes Gehör, dass sie bei geschlossenem Fenster das leiseste Rascheln auf der Straße hören.

Aufgrund ihrer Fähigkeit nur dreidimensional zu sehen, sieht Monique keine Flächen. Zum Teil kommen Flächen – zum Beispiel auf der Litfaßsäule – als Gegenstände auf sie zu. Sie hat gleichzeitig zwei Schulen besucht, eine Abend- und eine Ganztags-Schule. Zu der Zeit als sie schulpflichtig war, besuchte sie eine Schule bis zum zehnten Schuljahr. In den letzten Jahrgängen besuchte sie zusätzlich eine Abendschule. Sie versprach sich davon, möglichst jedem ihrer Anteile gerecht zu werden. Oder richtiger wäre zu schreiben: Jeder Anteil, der einen Zugang zum Bildungs- und Schulsystem hatte, versuchte seine Vorlieben dort zu verankern.

Zum Beispiel gab es zwei Jugendliche, die Archäologie studieren wollten, ein junger Mann wollte Pädagogik studieren, ein Mädchen Architektur und so drifteten alle in unterschiedliche Richtungen. Es gab kein Ich, das übergeordnet die Fäden in die Hand genommen hätte. Was ich von ihr verstanden habe, war, möglichst schnell so zu sein oder zu werden wie alle, um ihren eigenen Bedarf abzudecken. Doch in ihrem Leben verlief nichts nach Plan. Irgendwann verschwand sie: bestenfalls in die Kinderklinik als sie 14 Jahre alt war, oder der „Wert" aus dem Satanistischen Kult hatte sie wieder im Griff, und das passierte, obwohl die Pflegemutter für sie zuständig war.

In der Zeit, als sie in die Beratungsstelle kam, wünschte sie sich eine Eingliederung in ein Arbeitsleben einschließlich einer Berufsausbildung. Ich hatte Bedenken und befürwortete trotzdem ihren Wunsch ein Praktikum zu machen. Sie begann mit einem Praktikum in einem Sekretariat an der Uni. Sie war stolz und traute sich das auch zu. Sie begann und sie wollte alles besonders gut machen. Und sie teilte die ihr übertragenen Aufgaben auf: einige Personen bedienen den Computer, andere lesen oder schreiben gleichzeitig. Zum Beispiel bedienen einige den Computer, schreiben einen Text, andere lesen oder schreiben handschriftlich.

Das sieht so aus: Eine Frau sitzt am Schreibtisch, hat Aufgaben, die einen Vormittagsjob ausfüllen. Sie tippt mit der linken Hand den Text ein, mit der rechten Hand macht sie einen handschriftlichen Auftrag und gleichzeitig liest sie die nächsten Seiten. Zeitgleich erteilt sie einem jugendlichen inneren Anteil den Auftrag, zur Poststelle zu gehen und die Post zu holen. Man fragt sich, wie ein Gehirn und ein Körper diese Vielfalt bewältigt.

Das führte dazu, dass das ganze System bzw. die ganze Frau sich maximal zwei Stunden auf diese unterschiedlichen Dinge konzentrieren konnte. Sie war überfordert, gestresst und atemlos.

Sie saß dann nach der Arbeit auf der Parkbank, manchmal stundenlang. Sie war nicht mehr in der Lage nach Hause zu gehen.

Monique – Das System stellt sich vor:

Murksie, Innenperson von Monique, spricht für alle:

Murksie ist ein 12jähriges Mädchen, eine Innenperson. Sie ist entstanden, als Monique bei ihrer Pflegemutter war, und diese sie für „verkorkst" hielt. Murksie wird nicht älter. Sie bleibt 12jährig. Sie trägt die Erinnerungen des ganzen Systems.

Murksie spricht für alle und sie spricht im „wir", damit meint sie alle Personen, die zu Monique gehören.

„Also, wir sind so organisiert, dass alle, die viel Gefühl ausdrücken links oder in der Mitte des Körpers ihren Platz haben. Wir alle sind körperlich. Und die mehr rational bestimmten sind auf der rechten Seite im Körper. Baby ist in der Mitte, Fee rechts daneben und links neben Baby ist Es und gleich daneben Tapp, ein kleiner Junge. Das sind die Kleinen, die gekommen sind, als der Vater mit seinen Kumpels da war. Und Fleur kam auch noch in dieser Zeit. Sie hat immer dafür gesorgt, dass wir dem Vater zulächeln konnten."

Ich frage erstaunt: „Dem zulächeln, der so brutal war!? Wozu das?"

„Ja, das ist doch so: Wenn du einem Menschen zulächelst, lächelt er zurück. So hast du doch Einfluss auf das Verhalten der anderen."

„Und dann musste der ja als der Vater von Monique, also als die Vaterfigur, erhalten bleiben. Das gleiche gilt ja auch für die Mutter. Das sind die Eltern, die als Eltern gut sind."

Als Monique zu den Pflegeeltern kam, war Temptzi als erste präsent. Sie ist ein etwa vierjähriges Mädchen. Sie musste die ganze Trauer tragen und dafür sorgen, dass die Pflegemutter ihre Trauer nicht bemerkte, sonst wäre sie enttäuscht gewesen, weil sie geglaubt hätte, Monique sei ein undankbares Kind.

„Und das konnten wir nicht riskieren. Sie hätte uns weggeschickt und dann hätten die anderen, die von der Sekte, uns wieder aufgegriffen. Nur mit Gehorsam und uns „klein machen" sind wir durchgekommen.

Als wir siebzehn Jahre alt waren, waren wir 137 cm groß. Dann hat unsere Pflegemutter dafür gesorgt, dass wir uns beim Kinderarzt hormonell behandeln ließen bis zu der Größe, die wir jetzt haben. Den Größenunterschied haben wir beibehalten. Jeder Gang zum Arzt war für uns ein Risiko. Er könnte uns als Viele erkennen und dafür sorgen, dass wir als verrückt abgestempelt werden.

Unser Herzschlag verändert sich, wenn die Kleinen da sind ist der natürlich viel schneller als bei einem der Jungen oder als bei uns größeren Mädchen. Auch der Blutdruck verändert sich, ebenso unsere Fähigkeit zu hören. Wir hören mit Kinderohren und haben Hände und Füße wie ein Kind.

Als wir eingeschult wurden, hat unsere Pflegemutter gesagt: „Jetzt ist Schluss mit dem Theaterspiel." Sie meinte wohl damit, dass wir alle ab jetzt eine zu sein hätten. Also hat sie doch wohl gemerkt, dass wir viele sind und sich das nicht bewusstgemacht. Sie hat ganz intuitiv auf uns reagiert.

Monique gehört dem „Wert" und all den anderen, eben nicht sich selbst. Sie ist nur Fassade. Sie ist Namensträgerin und hat den Personalausweis.

Zunächst haben wir geglaubt, alle Menschen seien so wie wir. Und dann haben wir festgestellt, dass die Menschen anders sind als wir und haben sie uns angesehen und versucht, ihnen ähnlicher zu werden oder auch ganz anders zu sein, so z.B. wie Märchenfiguren. Wir befürchteten dann, wir seien verrückt und fingen an, uns zu verstecken oder Pläne zu machen, wie wir es schaffen könnten, nicht erkannt zu werden.

Alle von uns sind gekommen, weil eine Not da war oder ein Problem, das nicht anders zu lösen war, ohne Moniques und damit auch unsere Existenz in irgendeiner Weise zu gefährden.

Die Stiefmutter sagt: „Das Kind ist einfach verkorkst." Dann kam ich, Murksie, das verkorkste 12jährige Mädchen mit roten Locken und intensiv blauen Augen. Ich habe alle Informationen über das ganze System von der Geburt an. Sie ist Geheimnisträgerin. Sie weiß um alle „schlimmen Sachen", kennt alle Zusammenhänge, und sie ist ein Kind.

Dann kam Kayla. Sie ist magersüchtig. Nichts ging mehr. Monique war krank am Immunsystem, sie lag im Krankenhaus. Die Stiefmutter wurde immer starrer. Wir dachten, sie gibt uns ins Heim, wenn wir uns nicht selbst was einfallen lassen.

Kayla kam und war den ganzen Tag mit Essen oder Nichtessen beschäftigt. Mit Essen oder zu viel Essen und dann kotzen. Für uns alle eine Erleichterung. Sie lässt viele Gefühle nicht da sein. Sie hungert viel Belastendes weg und sie ist auf Speed, d.h. sie ist sehr schnell und sieht, was sich im Außen abspielt. Sie rennt und rennt und rennt den unangenehmen Dingen und Leuten davon. Für den Körper ist das schwierig. Er darf nicht zu sehr aushungern und dursten und das wurde ein Problem, weil Kayla rennt und nichts isst.

Und dennoch: Kayla hat den Überblick. Sie sieht im Außen, ob Gefahr droht, und sie sieht Freier, denen wir Geld abzocken können, und sie weiß wie das geht. Monique wird dann vorgeschickt. Sie nähert sich dem Mann, bis er eine Hand auf ihre Schulter legt. Monique reagiert darauf. Sie folgt ihm bedingungslos. Sie ist so konditioniert. Das ist das, was der „Wert" oder der Frisör ihr beigebracht hat.

Und dann im entscheidenden Moment kommt Kayla und regelt das mit dem Sex und der Knete und dem Verschwinden. Nimmt dem Mann das Geld ab, sobald er eingeschlafen ist und verschwindet damit. Meistens geht das gut.

„Ein gefährliches Spiel!"

Wir waren zu schnell und brauchten eine Person, die alles verlangsamt. Deswegen musste Jeanne kommen.

Jeanne ist die kleinste von allen, sie ist 160 cm groß und extrem langsam. Und wenn sie nach vorne kommt, sind wir insgesamt langsam. Das ist gut für den Körper.

Alle sagen, wir haben das alles so getan bzw. organisiert, obwohl uns das nicht bewusst war. Erst im Nachhinein können wir es auch so benennen.

Wenn Monique von sich spricht, sagt sie ‚Ich' und meint damit nur Monique. Sobald sie das ganze System meint, oder andere Personen von sich, sagt sie ‚wir'.

Bei Monique ist die Vorstellung etwas zu verändern sofort mit der Vorstellung verbunden, eine neue Person zu schaffen.

3.2 Moniques Biografie

Monique ist nie ganz präsent.

Als sie 11 Jahre war, beschloss sie ihr Taschengeld aufzubessern und übernahm einen Job beim Frisör in der Nachbarschaft. Ihre Aufgabe war es Flyer zu verteilen. Sie war sehr klein für ihr Alter: 120 cm. „Damit kommen wir überall durch", sagt sie selbst dazu.

Sie verteilt nicht nur Flyer. Er, der Frisör, bringt ihr bei, zu vergessen wer sie ist und stattdessen einem Programm zu folgen, das er ihr mit brutalen Maßnahmen implantiert.

- In den zehn Jahren ihrer Therapie ist mir klargeworden, dass der „Frisör" auch „der Wert" war. Er war ein sadistischer Täter und muss meines Erachtens in einem satanistischen Kult angebunden gewesen sein. Meine Vermutung ist, dass sowohl der Vater von Monique, ihre Mutter und „der Wert" zu der gleichen Vereinigung gehörten und Zugriff auf das Kind bzw. Mädchen hatten. Im Abschnitt „Rituelle Gewalt" werde ich Informationen zu den Vorgehensweisen der Täter- und Täterkulte geben.

Obwohl ihr Vater und dann seine Kumpels die ersten Missbraucher von Monique waren, war ihr Vater ihr zunächst als Retter in Erinnerung. Und wie das zustande kam war lange ein Geheimnis. Niemand aus dem ganzen System konnte diese Frage entschlüsseln.

Monique hatte ihre ersten drei Lebensjahre bei den Eltern in Belgien verbracht. Die meisten kleineren Personen sind hier schon erstmalig aufgetaucht.

Ihr Vater arbeitete bei der belgischen Wehrmacht. Oft kam er abends betrunken nach Hause und attackierte Monique und ihre jüngere Schwester sexuell. Wie eingangs erwähnt, brachte er noch einen Kumpel mit, und auch er durfte sich an den Kindern bedienen. Dann reichte er die Kinder weiter an andere Männer, die auch dafür bezahlten: Verwandte, Kollegen, dann auch an Freunde.

Monique wollte vor allem ihre kleine Schwester schützen. Das gelang ihr nicht. Bis heute macht sie sich einen Vorwurf daraus. Ihr Vater und seine Kumpels vergewaltigten die kleinen Mädchen bis sie bewusstlos waren. In der Überlebensnot spaltete sich Monique. Sie ließ das Opferkind Monique zurück und ging mit einem unbeschädigten Anteil von sich nach vorn. Sie kreierte ein neues abgespaltenes Kind, nennt es „Es", das von allem nichts wusste, bis heute seinen Vater liebt und ihn um Verzeihung bittet. Monique hat sich so sehr Hilfe von ihrer Mutter gewünscht: Wenn Vater betrunken nach Hause kam, nahm Mutter ihre Tasche und verließ das Haus.

Der Vater wusch das blutverschmierte Kind, liebkoste es. Für „Es" war er der Retter. „Es" liebte ihn.

Moniques Mutter war allergisch gegen Aspirin. Als Monique 3 Jahre alt war, nahm Mutter sie nachmittags mit ins Bett. Als Monique aufwachte, lag ihre Mutter neben ihr. Sie lebte nicht mehr. Ihr Vater brachte Monique zu seiner Schwester. Ab jetzt war sie Monique's Pflegemutter. Frau X hatte sechs eigene Kinder und war völlig überfordert. Zunächst verbrannte sie alles, was Monique mitbrachte: Kleidung, Spielzeug etc.

Bevor Monique diesen Teil ihrer Biografie zuließ, war sie 3 Monate lang psychotisch. „Psychotische Zustände sind die Folge des Versuchs, das Selbst durch Fragmentierung zu retten", *(Garbe, Elke. Martha. Psychotherapie eines Mädchens nach sexuellem Missbrauch. Juventa 3. Auflage 2005., S. 79)* wenn die Spaltungsmechanismen als Schutz nicht mehr reichen.

Alle aufdeckenden und konfrontierenden therapeutischen Methoden wirken immer auch selbstbelastend und sind deshalb nur dann hilfreich, wenn das Selbst über ausreichende Stabilität verfügt und genügend Ressourcen vorhanden sind *(Garbe, Elke, a. a. O. S. 79.)*

„Es erlebt seinen sich zumindest anfangs widersetzenden Körper als Subjekt und in seinem Gebrauch durch den Missbraucher als Objekt, über das verfügt wird." *(Garbe, a. a. O. S. 79f.)*

„Tatsächlich können Psychosen ausgelöst werden, wenn das geschädigte Selbst durch zusätzliche Belastung so stark bedroht wird, dass Spaltungsmechanismen als Schutz nicht mehr ausreichen." *(Elke Garbe, a. a. O. S.79.)*

Monique sah nur noch Käfer, konnte keinen Menschen, Freunde, Bekannte mehr erkennen. Auf ihren Armen, Beinen, Gesichtern sah sie krabbelnde Käfer. Nur ich blieb davon verschont. Mich erkannte sie, ich blieb in ihrer Wahrnehmung käferfrei. Für mich als Therapeutin war das erleichternd. Ich hatte weiterhin einen Zugang zu ihr. So war sie nach einem Vierteljahr bereit, diesen Schutz, diese Wahrnehmung aufzugeben.

3.3 Francis

Francis ist eine junge Frau, eine Freundin von Monique. Sie kam schon seit 4 Jahren in die Beratungsstelle, bevor Monique dazu kam.

Von Francis wusste ich, dass sie, Francis, misshandelt worden war und Missbrauchserfahrungen hatte. Und dennoch verstand ich sie oft nicht. Sie kam zur Stunde, konnte sich auf nichts beziehen, was sie sich erarbeitet hatte. Alles Gesagte erschien ihr und mir völlig neu, so, als sei sie noch nie dagewesen und habe über ihre Themen und Probleme gesprochen. Ich dachte, sie sei zu verstört, um sich an etwas zu erinnern. „Ich bin immer im Schatten", sagte sie.

Francis war Beschützerin von Monique. Tatsächlich waren die beiden Frauen Freundinnen. Francis kam zuerst zu meiner Kollegin, dann zu mir in meine Gruppe. Sie kam in Männerkleidung, liebte es, Männerarbeiten zu machen. Sie fehlte bei keinem Umzug.

Sie kam zwar in die Therapie, glaubte allerdings nicht daran, sich selbst oder ihr Leben verändern zu können. „Ich gehöre zur Familie Albatros", sagt sie, „keines dieser Familienmitglieder muss sich verändern." – Sehr viel später erkannte ich, dass Francis sich mit ihren Anteilen als die „Familie Albatros" verstand. Sie war ebenfalls multipel.

Francis war extrem magersüchtig. Sie war sehr dünn, einfach unterernährt. Ich fragte sie: „Wie kommt es, dass du so unterernährt bist?" Sie sagt: „Ich esse so wenig, hab keine Zeit, kein Geld." „Wie, du hast kein Geld zum Einkaufen, keine Zeit zum Kochen?" „Nee" sagt sie, „ich kann auch nicht kochen." „Kannst du doch lernen." „Nee" sagt sie. „Warum nicht?" „Hab keinen Kochtopf."

Was dann folgte, war der größte Therapieerfolg für Francis, von der meine Kollegen und ich glaubten, sie sei nicht imstande, sich auf einen therapeutischen Prozess einzulassen. Wir machten einen Plan: Zwei Töpfe, eine Pfanne und was noch dazu gehört, Kosten, Gehaltsauszug mitbringen. Wir checken: Wie viel braucht sie wöchentlich?

„Wo bleibt das ganze Geld?" frage ich sie, „wie viel bleibt übrig?" „Das kriegt meine Schwester und das Geld von den vier Nebenjobs auch".

Sie hatte neben ihrer vollen Stelle vier Putzjobs und gab den ganzen Verdienst ihrer Schwester und deren alkoholabhängigen Mann einschließlich der fünf Kinder. „Ich lebe durch mein Tun für die anderen," sagte sie. Im darauffolgenden Jahr lernte sie, für sich zu sorgen, zu kochen, zu essen, „Nein" zu sagen und vieles mehr.

3.4 Monique und Francis

Dann brachte sie Monique mit. Ich bin im Schatten von Monique, sagte sie und nacheinander tauchten Personen auf, die ich zwar aus der therapeutischen Arbeit mit ihr kannte und nie zuordnen konnte. Sie war multipel und ich hatte es nicht erkannt.

Durch den Spiegel der anderen erkannte sie sich und wurde deutlich.

Beide, Monique und Francis, sind inzwischen Mitte 30. Francis hat einen Ganztagsjob als Putzfrau. Monique lebt von einer Erwerbsunfähigkeitsrente. Um die Jahrtausendwende haben sie geheiratet und leben seitdem zusammen.

Beide haben Probleme mit ihren Schultergelenken. Die behandelnden Ärzte sagen, dies seien Folgen von Misshandlungen, die ihnen als Kind zugefügt wurden. Sie schweigen dazu, sie misstrauen Ärzten und dem Krankenhauspersonal. Seit ihrer Eheschließung bekommt die eine Informationen von den behandelnden Ärzten über die andere, vorher wurden ihnen diese vorenthalten, weil Infos von den behandelnden Ärzten nur an die nächsten Verwandten gegeben werden.

Monique und Francis stehen ständig unter Geheimhaltungsdruck. Der HNO-Arzt von Monique hatte festgestellt, dass Monique ein Kinderohr hat. „Da müssen wir aufpassen, dass nicht die Kleinen zu ihm gehen. Er könnte feststellen, dass wir viele sind, und das ist gefährlich."

Monique hält es für gefährlich, weil sie glaubt, sie könne aufgrund ihres Viele-Seins in die Psychiatrie zwangseingewiesen werden.

3.5 Wenn Hanna und Monique sich begegnen

Wenn Hanna und Monique sich begegnen, dreht sich Hanna um, will nichts mit Monique zu tun haben. Monique versteht Hannas Abwehr nicht.

Hanna erschrickt beim Anblick von Monique. Sie sieht ihre Beschädigung. Sie erkennt Monique und erkennt sich in Monique. Sie weiß um ihre Beschädigung im Vergleich zu sich selbst. Sie weiß, was es heißt, in dem Ausmaß zu dissoziieren und in der verfestigten Form dissoziiert zu sein. Sie weiß, was es im Kontakt zu Monique heißt. Sie weiß oder befürchtet sie? Nein sie weiß, von ihr kann ich keine Unterstützung erwarten, im Gegenteil: „Sie löst absolute Hilflosigkeit in mir aus, und sie macht mich aggressiv, sie macht mich wütend. Ich bin genauso. Ich weiß es und so will ich nicht sein. Wie kann ich dem entkommen? Sie steht einfach so zu sich. Sie müsste sich verstecken, sich schämen, sich entschuldigen für ihr Sosein. Aber nein, sie steht da in ihrer Unvollkommenheit, so ganz selbstverständlich mit ihrem Gezitter, mit ihrem Gestotter. Sie kann kaum stehen auf ihren Füßen. Ich könnte sie schubsen, und sie fiele hin. Sie macht schon so lange Therapie. Hat sie nichts anderes gelernt als so selbstverständlich da zu stehen? Ich halte mich fest an meine Therapeutin, sie soll mich halten, mich daran hindern, Monique zu schubsen und mir Monique nicht länger zumuten".

Monique ist ganz arglos: „Komm doch zu uns, komm zu uns zu unserem Stammtisch, dann sind wir noch eine mehr. Besser ist es. Wir sind so wenige, die aufstehen, die zusammenhalten", sagt Murksie.

„Warum will sie das nicht?" Fragt mich Fee. „Hat sie einen Dickkopf?"

„Dann lass sie gehen", sagt Francis, „Reisende soll man nicht aufhalten."

Monique versteht Hannas Abwehr nicht. Sie fragt: „Warum will sie nicht mitkommen?"

Monique gibt nicht auf: „Warum gehst du mir immer aus dem Weg? Und kommst nicht mit zu den Veranstaltungen?"

Hanna: „Weil du mir egal bist und die anderen auch."

Monique: „Glaubst du, du bist besser als wir?"

Hanna: „Nein das ist es ja gerade. Ich halte das nicht aus, dass ich genauso bin. Ich halte mich nicht aus."

Monique: „Dann kannst du ja kommen, wenn du genauso bist."

Hanna: „Ich hasse Euch alle und mich genauso."

Monique: „Wofür hassest du dich und uns?"

Hanna: „Weißt du doch. Und geht dich nichts an. Du bist doof."

Auf der Suche nach dem Sinn – Hanna

Alles macht keinen Sinn.

Dialog:

„Ich friere, mir ist so kalt. Ich habe als Kind gefroren. Die Kälte erstarrt meinen Körper. Immer habe ich gefroren. Die Mama war nie da. Ich nähe mir eine ganz bunte Patchworkdecke. Ich tue das einfach so. Weiß noch nicht, ob ich sie fertigkriege."

Ich: „Stell die Verbindung her. Wozu nähst du die Decke?"

„Sie soll meine Stimmung erhellen, sie ist bunt und sie soll mich wärmen."

„Und macht das Sinn, dass du sie nähst?"

Hanna: „Ja, sie wärmt mich, wenn ich die Kälte meiner Kindheit spüre. Du hintergehst mich, du belügst mich."

Wohin geht die Sinnsuche?

Was ist das Ich?

Auf der Suche nach dem Selbstbewusstsein.

Wenn Hanna von sich spricht, sagt sie Ich, wenn sie von ihren Anteilen spricht, sagt sie oft „Nicht-Ich". Als Nicht-Ich kommt sie in der ersten Person nicht zum Vorschein. Sobald sie zum Vorschein kommt, ist sie Ich. Sie sagt auch die ‚Jugendlichen' und ‚die Kinder' – und als Jugendliche kommt sie nach vorn, ebenso als Kind. Als Jugendliche sagt sie Ich, ebenso als Kind. Sie spricht nur dann von Nicht-Ich, wenn sie die Abspaltung meint. D.h. wenn sie über einen Teil von sich spricht.

In den ersten Jahren ihrer Therapie hielt sie sich überwiegend im Nicht-Ich auf, wusste dann oft nicht, wie sie aufstehen sollte, und wozu vor allen Dingen. Die Suche nach dem Sinn, die Zweifel, ob überhaupt etwas sinnvoll sein könnte, beschäftigt sie seit ich sie kenne. Ebenso wie die vermeintliche Notwendigkeit ständig etwas verändern zu müssen, zu ihrem Lebensprinzip gehört. Auf diese Weise kam sie zu ihrem Studium, zu ihrer Therapieausbildung und zu ihrer beruflichen Tätigkeit.

4. Das Ich und das Wir – Monique

„Das geht so nicht, wie müssen eine neue Person schaffen, die das alles hier schlichtet", sagt Monique.

Ich bin erschrocken, das war nicht meine Intention: „Wir brechen das Ganze hier ab."

Schon zu spät, ein Mädchen erscheint, sagt: „Wo bin ich denn hier? Was soll ich tun?"

„Wir sind die Chaoten vom Dienst."

Scham, Schuld und Wertlosigkeit.

Sie schämt sich und fühlt sich schuldig für das, was ihr angetan wurde. Sie verurteilt sich und glaubt fest daran, sie sei ein Monster. Sie muss ja ein Monster sein, sonst hätte man sie nicht so behandelt. Sie hatte keine Chance, wurde sofort aus der Bahn geworfen.

Im Max-Planck-Institut für biologische Kybernetik können Probanden die Erfahrung machen, wie sehr der Körper den Blick auf die Welt beeinflusst. Versuchspersonen tauchen in eine virtuelle Welt ein, in der sie schrumpfen oder größer werden, ihre Arme oder Beine sich verkürzen oder verlängern.

Monique: „Als ich vierzehn war, war ich 139 cm groß. Dann hat unsere Pflegemutter dafür gesorgt, dass wir gewachsen sind mit Wachstumshormonen vom Kinderarzt."

„Dass wir so klein waren, hatte den Vorteil, dass wir überall durchkamen. Und wir haben verhindert, dass wir größer wurden."

Für uns machte das Sinn: Rituelle Gewalt! Sie ist überall, wenn wir so klein sind, werden wir nicht gesehen.

5. Programmierung / Konditionierung

Monique war von klein auf brutalen Konditionierungen und Programmierungen ausgesetzt.

Programme bestehen aus aneinandergereihten konditionierten Handlungen, die ein von den Tätern definiertes Ziel haben.

Die Täter benutzen verschiedene Programme, z.B. Anti-Hilfe-Programme, Selbstverletzungs- und Suizid-Programme.

Die Täter bedienen sich der Programme. Sie wissen, dass sie, nachdem sie ein bestimmtes Programm ausgelöst haben, unbeeinflussbar ablaufen.

Die Täter wollen damit verhindern, dass eine Betroffene ihre Gruppierung verlässt, Hilfe holt, zur Polizei geht, Ungehorsam zeigt, z.B. sich in Therapie begibt und in ihrer Therapie „Geheimnisse" verrät.

Meist nutzen einige ‚Innenpersonen', die loyal mit den Tätern sind, die Therapie dazu, den Tätern genaue Infos zu geben.

Monique war entschieden: „Da müssen wir raus", sagt sie.

Und dennoch: Bis sich alle einig waren, (Monique und alle ihre Innenpersonen) vergingen einige Jahre und je weiter sie sich auf ihre Therapiearbeit einließ, umso mehr Personen tauchten auf.

Im Folgenden zitiere ich mit Claudia Maria Fliß aus dem Handbuch Rituelle Gewalt, 2010, die genaue Beschreibung von Konditionierung und Programmierung:

Pawlow (1849 – 1936) erforschte zu Beginn des letzten Jahrhunderts den Prozess der ‚Konditionierung' an Tieren. Bekannt ist sein Hundeversuch: Bei der Fütterung eines Hundes wurde parallel ein Klingelton vermittelt. Dieser akustische Reiz wurde zeitlich mit dem Anblick und Geruch des Futters verbunden. Anblick und Geruch des Futters lösen beim Hund die Produktion von Speichel aus. Nach mehrfacher Wiederholung dieser Reizkombination wurde die Speichelproduktion allein vom akustischen Signal ausgelöst, ohne dass Futter gereicht wurde. So wurde ein vom Interesse des Hundes völlig unabhängiger, also ein unspezifischer Reiz in Form des Klingeltons, mit einer Reaktion des Hundes, dem Speichelfluss, verknüpft. Diese Konditionierung des Hundes konnte weiter ausgeformt werden, indem zusätzlich zum

Klingelton ein Lichtsignal eingesetzt wurde. Bei ausreichend häufiger Verknüpfung mit dem Klingelton und dem damit bereits verbundenen Speichelfluss reagierte der Hund auch ausschließlich auf das Licht, ohne dass dieses Signal gesondert mit der Speichelreaktion hätte verbunden werden müssen. So können Konditionierungen dritter und vierter Ordnung hergestellt werden

In einem weiteren Experiment von Pawlow erhielt ein Hund nach dem Erklingen der Glocke einen Elektroschock. Der Hund reagierte noch 13 Monate später ohne weitere Konditionierung bei demselben Glockenton mit einem erhöhten Herzschlag (ebenda).

In Gruppen organisierter Gewalt werden solche Konditionierungen mit Kindern durchgeführt. Kinder werden zur Verknüpfung von unspezifischen Reizen mit erwünschtem Verhalten in extrem emotional belastende Situationen gebracht. Reize, die ein Kind mit Todesangst und Schmerz erlebt, werden mit Signalen und einem erwünschten Verhalten des Kindes verknüpft.

Der Täter, der Monique kontrollierte, erreichte, dass sie auf dreimaliges Läuten des Telefons in der Wohnung der Pflegeeltern alles stehen und liegen ließ, um an einen bestimmten Ort zu gelangen.

Diese Signale können jederzeit später wieder ausgesendet werden und das Kind oder später der Erwachsene erleben spontan wieder die damit verknüpfte Todesangst, den Schmerz, und reagieren mit dem gelernten erwünschten Verhalten.

6. Absoluter Gehorsam

Wenn das Kind oder auch der Erwachsene das von ihm erwünschte Verhalten zeigt, werden Schmerz und Todesangst vorübergehend beseitigt. Die Kinder erleben wegen der völligen Kontrolle durch die Gruppe nie, dass Todesangst und Schmerz aufhören können, ohne dass sie erwünschtes Verhalten zeigen, so dass sie auch im späteren Leben spontan gehorchen.

Sie haben keinen Einfluss auf das, was in ihnen oder mit ihnen geschieht. Sie sind stets gehorsam.

Die Gruppen, zu einer gehörte auch Moniques Vater, haben die absolute Kontrolle über ihre eigenen Kinder und so sind ihren Methoden keine Grenzen gesetzt. Sie setzen wirklich alles ein, was Menschen anderen Menschen antun können.

Auch andere Bezugspersonen, Erziehungsberechtigte, so der Onkel und die Cousins von Hanna, die den Schäferhund abrichteten, haben die Kontrolle über ein Kind, das ihnen anvertraut wurde.

Auch Eltern haben die Kontrolle über ihre Kinder.

Heute ist die DIS eine anerkannte Störung, für die es einen Diagnoseschlüssel und therapeutische Maßnahmen gibt und sie wird immer weniger mit der Schizophrenie in Verbindung gebracht. Das hat zur Folge, dass auch die Betroffenen selbstverständlicher mit ihrer Störung umgehen können und sich nicht unbedingt als doppelt „verrückt" abgestempelt vorkommen. Zum einen stellt sich für sie ganz früh in ihrer Sozialisation die Frage: „Bin ich verrückt?", wenn sie sich ihres Andersseins gewahr werden und sie bekommen eine Antwort darauf. Zum zweiten wird dies auch von außen beantwortet bei Arztbesuchen und in Klinikaufenthalten, in der Schule und wo immer sie sich verhalten müssen, so dass sie sich nicht mehr abgestempelt fühlen, weil ihnen schon früher geholfen werden kann.

Das Neue und das Paradigma in der Psychotherapie war die Erkenntnis, dass das Trauma aufgrund von Gewalttaten entstanden, nicht nur innerpsychische Folgen hinterlassen hatte. Ein Trauma hinterließ Veränderungen im Gehirn, die sich auf die Betroffenen in erheblichem Maße auswirken. Wobei davon ausgegangen wurde, dass psychotherapeutische Methoden, mit denen solche Folgen von Gewalttaten behandelt werden, unter Umständen neu waren und vielleicht auch erst entwickelt werden müssten und/oder psychotherapeutisches Wissen ist so allgemein, dass es brauchbar ist für jede Art von Schädigung. Das war ein großes Paradigma in der Psychotherapie.

Um einen Einblick zu geben, werde ich im Folgenden sowohl die Auswirkungen von Gewalttaten beschreiben als auch eine kurze Beschreibung der Vorgänge im Gehirn skizzieren. Diese habe ich anlässlich einer Fortbildung vom Dachverband der Landesarbeitsgemeinschaft der Frauenberatungsstellen dokumentiert.

Was sich im Gehirn aufgrund einer Traumatisierung verändert, steht im Anhang dieses Textes.

Zum Verstehen des Bildes auf den beiden folgenden Seiten:

Jedes der Bilder ist eine andere Person in **einem** Menschen.

Wenn ich das verstehe, bin ich ziemlich verstört.

Wie ist das möglich? Fragt sich auch die Leserin/ der Leser – und stellt sich vor, was das für die Klientin oder die Betroffene bedeutet.

Wieviel Zerstörung ist darin enthalten! Und was bedeutet das auch für die Therapeutin, den Therapeuten? Und womit ist die Therapeutin konfrontiert?

Wie ist es, wenn sie, die Leserin oder der Leser, sich vorstellen und ein Gefühl dafür entwickeln, was es heißt, wenn eine Person total die Herrschaft über das ganze System übernimmt.

7. Hanna Komplex-Traumatisiert

7.1 Dissoziation

Dissoziative Phänomene sind häufig anzutreffen bei Menschen mit Gewalterfahrungen.

Dissoziation heißt etwas auseinanderhalten – im Gegensatz zu Assoziation d. h. etwas zusammenfügen – Trennen von Bereichen im Seelischen.

Kinder haben eine Vielzahl von Dissoziationen, die ihnen helfen, Situationen zu überstehen oder zu überleben, die nicht zu überleben sind.

7.1.1 Hanna und das Dissoziieren

Um meiner Protagonistin Hanna näher zu kommen, werde ich sie zunächst mit ihren Abwehrmechanismen vorstellen. Sie ist dann besser zu verstehen.

Dissoziative Phänomene

Wenn ein Mensch während eines Gesprächs unerreichbar wirkt, sein Blick geht ins Leere oder starr wird, sie haben den Eindruck, er sei „wie weggetreten".

Meist reagieren Menschen auf dieses Verhalten spontan. Sie sagen: „Hallo, hörst du mir überhaupt zu?"

Das sind leichte Formen der Dissoziation.

Leichte dissoziative Erfahrungen sind den meisten Menschen vertraut: wie z.B. Tagträumen, Autobahn-Hypnose oder sich in einem Buch oder Film verlieren. All diese Erfahrungen haben den Verlust der Aufmerksamkeit für die unmittelbare Umgebung gemeinsam.

Das andere Extrem ist die komplexe, chronische Dissoziation wie DIS.

Starke Dissoziation kann eine Reaktion auf überwältigende Traumata sein. So können Menschen während einer traumatischen Erfahrung die Erinnerung an Ort und Umstände des Traumas vom kontinuierlichen Gedächtnis abspalten, also dissoziieren. Dies ist eine vorübergehende mentale Flucht vor Angst und Schmerz, die insbesondere bei

Nahtod-Erfahrungen auftritt.

Erst in den 1980er Jahren wurden das Trauma und die Traumatologie erkannt und diskutiert.

Viel Wissen, Erfahrungen und Erkenntnisse von damals kommen aus den Frauenberatungsstellen. Sie wurden gesehen, man beschrieb sie, eignete sie sich an. Allerdings gab es keinen Kontext und keinen Namen für sie.

7.1.2 Dissoziativer Impulsdurchbruch

Hanna steht da mit starrem Blick, erscheint nicht ansprechbar und schreit gleich los: „Was willst du, hau bloß ab etc. Lass mich in Ruhe, ich bin dir doch sowieso egal" etc.

Sie ist weit weg im Erleben und hält mich für jemand anders – für ihre Mutter?

Ich habe Mühe mich nicht gemeint zu fühlen, in die Gegenübertragung zu gehen, nicht zu erstarren, in Angst, wie sie es tut. Denke, du musst etwas tun, rufe mein Erfahrungsrepertoire ab und weiß, ich sollte das ansprechen, was ich sehe.

„Kann das sein, dass du im falschen Film bist? Wir sind in B-Stadt in der Beratungsstelle und ich bin Claudia." Sie schreit: „Ja, dich meine ich, du lässt mich im Stich und ich bin dir total egal." Ich wiederhole das vorher gesagte und ergänze: „Ich bin deine Therapeutin. Du hältst mich manchmal für deine Mutter und hättest mich oft gern als deine Mama und dennoch hast du einen inneren Film oder ein inneres Erleben. Stell dir vor du würdest diesen Film anhalten oder zurückspulen, geht das?"

Sie schaut zum Fenster raus, sieht mich dann an und sagt zu mir: „Ich gehe jetzt raus, du kannst ruhig gehen, ich brauche dich nicht."

Ich gehe raus mit ihr, sie folgt, bleibt in der Haustür stehen. „Du kannst gehen, ich brauche dich nicht, hau ab, ich komme alleine klar," sagt sie und geht die Straße entlang, ich gehe hinter ihr her. Sie ist zwar nicht mehr ganz so weit weg und dennoch ist sie nicht klar. Und ich kann nicht verantworten, dass sie in dem Zustand Auto fährt.

Sie kommt an einem Second-Hand-Laden an, sieht sich die Auslagen an, geht hinein, kauft ein paar lila Stiefeletten und kommt in der Gegenwart an. Sie ist orientiert, sagt, ich laufe noch etwas die Straße entlang, alles ist okay, bin wieder da. Inzwischen sind drei Stunden vergangen.

Nach Minuten, Stunden, seltener auch nach Tagen klingen dissoziative Zustände von selber wieder ab, so dass es manchmal auch genügt, einen Menschen in einem dissoziierten Zustand einfach in Ruhe zu lassen.

Betroffene Frauen sagen übereinstimmend:

„Die ursächlichen Bedingungen der Dissoziation sind massive Gewalt- und Missbrauchserfahrungen. Ab frühester Kindheit sind sie Mordversuchen, massiver Vernachlässigung, dem Miterleben gewaltsamen Todes naher Angehöriger, rituellen extremen Gewalterfahrungen und Folter ausgesetzt."

Monique benutzt ihren Körper	Hanna sagt:
Der Körper muss gehorchen	Sich wegmachen. „Ich mach mich weg."
Warum?	„Dissoziieren"
Sonst sind wir verloren	Umfallen – „Ich falle um"
So?	Nicht wieder aufstehen „Ich stehe nicht wieder auf."
Warum? Der muss einfach funktionieren...	Sich aufrichten wollen – „Ich will mich aufrichten und weiß jetzt schon, dass ich gleich wieder umfalle."
...sonst gehe ich raus...	Wozu wozu wozu?
Wie raus? Und wohin?	
Unter die Zimmerdecke	„Ist doch alles egal"
Ich beobachte das, was passiert und dann...wir entkommen immer...	„Was macht Sinn?"
Ich beobachte Vieles und weiß dann Bescheid	„Wozu, wozu, wozu soll ich mich hinstellen?"
Weil ich dann Geist bin -- eben unsichtbar --	„Wenn ich sowieso wieder umfalle?"

Dissoziation: Judith Lewis Herman spricht von der Kunst der Bewusstseinsveränderung, von der bewussten Unterdrückung von Gedanken, Bagatellisierung und manchmal der direkten Verleugnung dessen, was sich ereignet hat. Die Psychologie hat keinen Namen für dieses komplexe Repertoire geistiger Strategien, die gleichzeitig bewusst und unbewusst ablaufen. *(Herman, a.a.O., S. 126 ff.)*

Neben der Angst vor Gewalt sprechen alle Betroffenen von einem überwältigenden Gefühl der Hilflosigkeit.

„Sie ist nicht auszuhalten, ich halte mich nicht aus, ich bringe mich um," sagt Hanna.

Um in einem Klima dauernder Gefahr zu überleben, muss man ständig in Alarmbereitschaft sein. Das Kind bezieht es auf sich selbst, hält sich selbst für böse, für ein Monster etc., und kann sich so die Bindung an die guten Eltern oder Bezugspersonen bewahren.

„Der Glaube an das böse Selbst wird nicht so schnell aufgegeben, selbst wenn der Missbrauch aufhört. Er wird ein fester Teil der kindlichen Persönlichkeitsstruktur." Die Kinder weigern sich permanent von jeder Schuld freigesprochen zu werden. *(Herman, a.a.O., S. 147).*

Um der Gefahr zu entkommen oder um ihr auf jeden Fall begegnen zu können, kreieren die Kinder Personen, in die sie sich verwandeln, sie schaffen sie in der traumatischen Situation. Es ist immer ein Kind, das überlebt und den Alltag regelt, Helfer und Retterkinder, sie werden meistens Innenpersonen, oder Alter genannt. *(Kindesmissbrauch in: Herman, Judith Lewis: Die Narben der Gewalt, München 1993, S. 150 f.)*

Die Bedürfnisse des Kindes nach Liebe, Wohlbefinden, Trost und Berührung werden ausgebeutet und benutzt zur Befriedigung der Bezugspersonen. Das Kind erlebt diese Bedürfnisse dann selbst als besudelt und schlecht oder, was noch zerstörerischer ist, diese Bedürfnisse als Hinweis dafür, dass es selbst ein Komplize des Inzests ist.

Es ist seine eigene Schuld, dass ihm dies passiert und wenn es keinen Grund dafür findet, ist es schuldig mit seiner eigenen Existenz. Nur weil es lebt, kann das geschehen, wenn es das Kind nicht gäbe, hätten alle ihren Vorteil.

Die extremen Formen aktiven und sadistischen Missbrauchs, die wir bei Eltern von MPS-Klientinnen sehen, sind stets nur ein Teil eines heimtückischen Unvermögens, einfühlsam auf die entwicklungsgemäßen Bedürfnisse des Kindes zu reagieren; dies schließt die eher „passiven" Formen wie Vernachlässigung und Verlassen ein.

Ist man in den Anfängen der Zeit, als DIS sichtbar wurde, davon ausgegangen, dass die sexualisierte Gewalt überwiegend in Familien stattfand und die Bezugspersonen die Haupttäter sind, so zeigt sich gegenwärtig immer deutlicher die ganze Bandbreite ritueller Täterkreise.

Bei verschiedenen Formen „ritueller Gewalt" wird in Täterkreisen ganz bewusst die multiple Struktur des Kindes nicht nur in Kauf genommen, sondern bewusst hergestellt, um das Mädchen zu funktionalisieren für Prostitution, zum Menschenhandel oder Jungen/Mädchen werden abgerichtet Soldat zu sein, Menschen zu töten. *(Michael Huber, mündliche Überlieferung 2013, Fortbildung in Münster)*

Hanna L. lebt mit sechs abgespaltenen Kindern in einem Körper. „In mir steckt der Teufel," behauptete sie, als sie in die Therapiestunde kam. „Ich schlage meine Kinder und raste aus und weiß nicht warum ich dies tue. Ich bin überbehütet aufgewachsen, meine Mutter war sehr besorgt um mich. Ich selbst erinnere mich nicht, meine ersten Erinnerungen sind in einem Alter von ungefähr 15 bis 16, als ich magersüchtig und danach bulimisch war."

Sie wusste nicht um ihre Spaltung, und ich wusste es ebenso wenig.

Ihr Oberkörper wirkte starr. Sie war schmalbrüstig und verteilte, meine Kolleginnen gingen ihr aus dem Weg. „Ehe du mir etwas sagst, was ich nicht hören will, boller ich dich an." Das strahlte sie aus.

Meine Kolleginnen sagten zu mir: „Die willst du in die Gruppe nehmen?" Ich hatte keine Angst vor ihr. Ich sah ihre Not und nahm sie in die Gruppe, obwohl ich dachte, Einzelarbeit könnte ihr guttun.

Hanna sagt, sie fühle sich ständig unter Druck, schlafe schlecht ein und wache oft in der Nacht um zwei, drei oder vier Uhr auf.

Und sie ist dauerhaft getriggert: „Fass mich nicht an!" strahlt sie aus, „sonst kriegst du eine rein."

Sie kam aus der Reha, möchte eine Therapiegruppe mit und für Frauen machen. Ein Jahr sei gut, sagt sie.

Ich bin unsicher, schaue sie mir aus der Distanz an, sehe sie im Kontakt mit anderen.

Hanna gerät immer wieder in Konflikt, weil sie, wenn sie sich in Not fühlt, schreit und sich aggressiv verhält. Sie wird deswegen von anderen abgewiesen und als Täterin wahrgenommen. Sie selbst nimmt wahr: „Ich werde immer abgelehnt, weil und wenn ich Hilfe brauche."

Bei genauerem Hinsehen wirkt das aggressive Verhalten eher wie ein Hilfeschrei oder wie ein hilflos-wütendes Um-sich-Schlagen.

Hanna erlebt sich in diesen Situationen als ganz klein, ausgeliefert, sie handelt wie automatisiert, mit Tunnelblick.

Sie erzählt von sich: „Ich habe schon immer geschrien und gestrampelt."

Sie erlebt ihr Gegenüber in diesen Situationen als übermächtigen Täter – aggressiv und versagend – und ist in keiner Weise in Kontakt mit ihren Fähigkeiten als Erwachsene, es gibt keine Differenzierungsmöglichkeiten des Gegenübers mehr. Sie erlebt nur ihre existenzielle Not.

Durch das Verhalten ihr gegenüber ist sie sozusagen in eine frühe Kampf- und Überlebenssituation geraten, in der sie nicht mehr klar denken kann.

Der Auslöser dafür wird in der Fachsprache als Trigger bezeichnet.

In diesem Zustand ist ihr auch nicht bewusst, dass sie nach außen aggressiv wirkt und von anderen als mächtig erlebt wird.

Und ich wusste: Das ist ein langer Weg – ein langer Prozess. Die therapeutische Arbeit besteht dann darin, die verkrustete Außenseite von Hanna aufzuweichen, möglicherweise kindliche Anteile zu entdecken, sie wahrzunehmen und zu verstehen, aus welcher Motivation sie entstanden sind und handeln. Was ist geschehen? Was ist ihnen passiert?

Mindestens fünf Hypothesen, sagte ich zu mir. Das hatte ich in meiner gestalttherapeutischen Ausbildung gelernt.

Nächste Schritte sind, dass Hanna mehr Aufmerksamkeit für diese unterschiedlichen Situationen entwickelt, sie kennenlernt, dass sie sich untereinander kennenlernen, miteinander kommunizieren lernen und vor allem bereit sind, dieses Miteinander zu wollen und ein Erwachsenenalter bzw. -modus für sich zu erarbeiten. Und um mit Welt zu leben gehört darüber hinaus, ihr Gegenüber realistisch wahrzunehmen und dieses vom früheren Täter zu differenzieren, und Voraussetzung dafür ist, dass sie die Gewalttaten aufarbeitet.

Ich befreie mich wieder von meinen Vermutungen und stehe ihr gegenüber als Nichtwissende.

Nun denn, ich habe mich entschieden, ich gehe dieses Risiko ein, mit einer Frau zu arbeiten – nicht nur sporadisch – d.h. mich auf eine sehr lange Reise mit ihr einzulassen ohne zu wissen, wie sie sich gestaltet.

Die Gruppe beginnt. Hanna kommt. Sie zeigt sich als eine gute Schülerin. Und sie freut sich auf das erste Gruppenwochenende.

Die Gruppe macht eine Phantasiearbeit – hin zu ihrer inneren Weisheit, zu ihrer weisen Frau, oder Mann. Hanna begegnet ihrer inneren Weisheit in Form einer alten Frau. Sie nimmt Kontakt auf und fragt sie: „Was soll ich tun?" „Geh den Weg zurück und geh ihn erneut," ist die Antwort.

In der nächsten Gruppensitzung sucht sie sieben Symbole, die jeweils für einen Teil von ihr stehen. Sie ist erstaunt und erschrocken.

Zusammengehalten hat mich der Satz meiner Mutter: „Sei doch vernünftig!"

„Geahnt habe ich es schon lange, bis jetzt habe ich mich in die Magersucht, dann in die Bulimie und zuletzt in den Alkohol geflüchtet, wollte von mir nichts wissen, so schrecklich war das. Dann habe ich mir eingeredet, ich sei so überbehütet aufgewachsen."

„Es muss doch eine Wahrheit geben, eine Orientierung, eine, die mir Trost und Halt gibt! Auf die ich mich beziehen kann und die mir hilft, das zu sehen, was wirklich ist und was geschehen ist." Sagt sie.

7.1.3 Hanna und ihre Anteile

Deutlich werden sieben Anteile von Hanna, die voneinander nichts wissen und sich nicht kennen. Die getrennt voneinander, jede eine eigene psychische Struktur, ein eigenes Aussehen und einen gemeinsamen Körper haben.

Im Anschluss an dieses Wochenende ist Hanna zutiefst erschüttert, will das „Ganze" nicht glauben und tröstet sich damit, dass alles ihrem Zuviel an Phantasie entspringe. Das hatte ihre Mutter auch schon gesagt: „Kindchen, du hast einfach zu viel Phantasie"

Ich war entsetzt. Ich fuhr ans Meer, um für mich Klarheit zu gewinnen. Haderte eine ganze Nacht lang, begriff, dass nur ich entscheiden konnte und musste, ob ich mir das zutrauen konnte, sie zu „behandeln."

Und ich informierte mich.

Dissoziative Identitätsstörung ist der Fachausdruck, multiple Persönlichkeitsstörung (MPS) die Bezeichnung, die Betroffene meist benutzen. Oft sagen sie einfach „Ich bin Viele".

MPS entsteht, wenn sexualisierte Gewalt in Form von sadistischem Missbrauch der Bezugspersonen in Verbindung mit fortdauernder Ausbeutung der zentralen kindlichen Bedürfnisse für das Kind überlebensbedrohlich werden. *(Huber, Michaela, Trauma und die Folgen, Trauma und Traumabehandlung, Teil 1. Junfermann, Paderborn 2003, 14 f.)*

Die Diagnose heißt auch „Komplexe Traumatisierung". Und betrifft Frauen und Männer, deren Kindheit schon früh Entwicklungs- und Bindungsstörungen aufzeigte.

Die „Komplexe Traumatisierung" entsteht, wenn das Kind von den primären Bezugspersonen – in der Regel Vater und/oder Mutter verlassen, verwahrlost, geschlagen oder auf andere Weise körperlich gequält, gedemütigt und emotional gequält und sexualisiert gequält wird. *(Dies., Viele Sein, ein Handbuch, Komplextrauma und dissoziative Identität – verstehen, verändern, behandeln. Paderborn 2011, S. 40ff.)*

Vier Wochen sind vergangen seit dem Gruppenabend, an dem Hanna ihre Innenpersonen zum ersten Mal sah. Die Gruppe trifft sich erneut und arbeitet an ihren Überzeugungen, den verinnerlichten Sätzen oder Introjekten, wie wir sagen. „Sei doch vernünftig." „Du bist doch erwachsen." Sie sagt es, spricht es aus in der Gewissheit, dass dies nicht ihr Satz ist. Sie erkennt diese Aufforderung als die Worte ihrer Mutter und lässt sie auf sich wirken.

Und schaut mich im nächsten Moment mit weit aufgerissenen Augen an. Sie sieht nach Symbolen im Raum, findet sie – zunächst fünf. Verteilt sie im Raum, fügt später noch zwei hinzu. Und gibt Informationen dazu.

Jedes der sieben Symbole steht für einen Teil, der irgendwie zu ihr gehört oder auch wieder nicht. Auf jeden Fall hat sie mit ihm zu tun.

Im Laufe der nächsten Woche präsentiert sie sich in ihren sieben Anteilen: Kinder und jugendliche Mädchen.

Sie zeigt sich als dreijähriges Kind, läuft hinter mir her und ruft: „Ich suche eine neue Mama. Bist du meine neue Mama?"

Ich sehe sie als Dreijährige und reflektiere: Der Unterschied ist der, sie ist oder sie zeigt sich. „Sie zeigt sich" setzt ein Subjekt voraus, das dieses Geschehen möglich macht im Gegensatz zu „sie ist", heißt, die Dreijährige ist das Subjekt.

(Für meine zukünftige Arbeit mit ihr könnte dies eine Intervention sein: Will ich sie als Erwachsene erreichen oder als Kind?)

Wenig später erscheint sie in dem symbolhaft dargestellten Anteil eines etwa siebenjährigen Mädchens. Siebenjährig klingelte sie abends an meiner Tür, steht in der Tür, schämt sich, fühlt sich schuldig, sagt kein Wort, steht zwischen draußen und drinnen. Sie will nicht wieder gehen und darf nicht reinkommen.

Als Fünfzehnjährige kommt sie in die Beratungsstelle. Sie spricht mit einem inneren Kind, tröstet es: „Du mein liebes Kerlchen, ich pass auf dich auf, damit dir nichts passiert, brauchst keine Angst zu haben." Sie passt auf die Kleine auf, und sie passt auf, dass Erinnerungen, die für die Kinder sehr schmerzhaft sind, nicht auftauchen.

Es gelingt ihr nur begrenzt. Der Druck ist zu groß.

Sie kommt unaufgefordert bei mir zu Hause an. Sitzt auf meinem Sofa und will einfach nur bei mir sein. Ich zünde eine Kerze an. Sie erstarrt, schreit „nicht, nicht" und ist in einem Geschehen, das nur die

Verbindung Kerze zur Gegenwart hat. Mit beiden Händen wehrt sie sich gegen einen unsichtbaren Dritten. „Die Mama", sagt sie, „hatte immer eine Kerze und hat sie mir zwischen meine Beine gesteckt in das Loch, wo das Pipi rauskommt."

Ich habe keine Fragen und keinen Kommentar dazu, tröste sie und versuche die Erwachsene zu erreichen oder zumindest eine, die ich für erwachsen halte und die das Auto fahren kann.

Das will ich so nicht, nicht in meinen Räumen, in meinem Wohnzimmer.

Im nächsten Kontakt spreche ich mit einer, von der ich glaubte, sie sei der Erwachsenenanteil. Ich hatte mich getäuscht. Erreicht habe ich eine Jugendliche, die aus meinem Verbot ein „Jetzt erst recht" macht. Sie kommt abends spät, fährt die größten Dramen auf und ist weit weg in einer anderen Zeit und in einem anderen Geschehen. Sie bringt mich in einen inneren Konflikt: Ich will jetzt nicht mit ihr arbeiten und ich kann sie so nicht nach Hause schicken. Ich versuche, sie in die Gegenwart zu holen. Ich frage, wo bist du, wer bin ich, was ist das? Sie kommt an. „Ich muss jetzt nach Hause, der Andreas wartet auf mich." Sagt sie, nimmt ihre Jacke und geht.

Ich will mich in meinen Räumen nicht so beschränken lassen. Von einer Geburtstagsfeier komme ich spät zurück.

Im nächsten Kontakt mit ihr höre ich: „Ich war da und du hast nicht aufgemacht." Anklagend.

Seitdem stellte sie die abendlichen Besuche ein. Sie wollte nicht eine Stunde auf den kalten Stufen sitzen. Am liebsten würde sie gar nicht mehr nach Hause gehen."

„Darf ich bei dir schlafen?" „Machst du Sex mit mir?"

Diese Fragen stellt sie immer wieder. Es scheint als gehörten sie in den Kontakt zu ihrer Mutter.

Fast ein Jahr vergeht, bis wir eine Struktur gefunden haben, eine Basis, auf der Arbeit möglich ist. Als Kommunikationsmedien dienen das Handy und das Telefon.

Sie fühlt sich schuldig – permanent.

Sie fühlt sich schuldig, wenn ihr Sohn in der Schule versagt.

Sie fühlt sich schuldig, wenn ihr Mann Rückenschmerzen hat und sie fühlt sich schuldig, weil sie Schwierigkeiten im Umgang mit anderen hat.

Und sie fühlt sich schuldig, weil sie existiert, weil es sie gibt.

Wenn es sie nicht gäbe, hätten die anderen kein Problem.

Viele „Hätte"s sind im Raum. Viele Schuldzuschreibungen, Schuldgefühle und reale Schuld, die es zu sortieren gilt. „Als Mutter ist es deine Aufgabe dafür zu sorgen, dass dein Junge in der Schule keine Probleme hat!"

„Als Ehefrau ist es deine Aufgabe dafür zu sorgen, dass es deinem Mann und deinen Kindern gut geht." „Als Tochter deiner Eltern musst du dafür sorgen..." etc.

Dreijährig kommt sie, will auf meinen Schoß und erwartet jederzeit von mir begrapscht zu werden.

Sie ruft an, ein Kind: „Ich mache mich tot."

Sie ist panisch, Angst, Ohnmacht, „Wo soll ich hin?" „Ich will bei dir sein. Will bei dir schlafen."

„Ich bin nackt und friere so entsetzlich, ich liege am Boden, im Dreck, kann nicht aufstehen."

„Ich hebe dich auf, wickle dich in eine Decke und trage dich nach Hause. Jetzt hole ich die kleine Badewanne, lasse Wasser einlaufen. Es ist schön warm, Schaum kommt auch noch rein. Ich lege dich hinein, wasche dich und lege dich dann auf das rote Badetuch, trockne dich ab, und rubble dich trocken, kannst du es fühlen? Jetzt bringe ich dich ins Bett, gute Nacht, schlaf gut und träum was Schönes." Ich summe eine Melodie und frage dann: „Bist du wieder okay, Hanna?" „Ja, ich schlafe schon halb."

Vierjährig kommt sie. Sagt: „Ich muss jetzt bald in die Schule und kann das Pipi noch nicht halten"!

Siebenjährig kommt sie und fragt mich, ob ich Sex mit ihr mache. Sie könne nichts anderes, nur Sex machen.

Zwölfjährig klagt sie: „Ich bin an allem schuld".

Von der Mutter missbraucht, denke ich. Das ist sexueller Missbrauch einer Mutter an ihrer Tochter.

Da ist es besser zu denken, „Ich bin verrückt", statt dieses wahrhaben zu wollen. Es sieht aus als geschehe es im alltäglichen Versorgen von Kindern – sie sagt, das muss, halt jetzt still, stell dich nicht so an. Geht mit Gegenständen in die Scheide des Kindes mit Kerzen, mit Löffeln o.a.

Von den Onkeln vergewaltigt, immer wieder. Mutter schickt sie zu Ihrer Schwester, Hannas Tante.

Hanna fühlt sich von den Onkeln vergewaltigt, von der Mutter verraten, verloren, gedemütigt, sich selbst nicht mehr trauend. Sie ist das Monster, so ihre Selbstverurteilung.

Wenn der missbrauchende Elternteil sadistisch ist, dies ist oft der Fall, entsteht für das Kind eine Verzerrung des Zirkels von Bedürfnis und Reaktion der Eltern darauf: Dann ist das kindliche Bedürfnis selbst Auslöser für die Verletzung durch die Bezugsperson und steigert ihr Bedürfnis das Kind zu verletzen. Der Schmerz des Kindes befriedigt die Bezugsperson. Dadurch lernt das Kind, dass Bedürftigkeit unweigerlich zu Verletzung führt, also zu Schmerz führt, und dass das Zeigen des Schmerzes zu weiteren Schmerzen führt. So verbietet sich das Kind, sich seine Bedürftigkeit einzugestehen, aus Furcht, es könnte, wenn es sich zeigt, zu weiteren sadistischen Reaktionen der Bezugsperson führen. *(Sand, Susan, H.: What is dissociated? In: Dissoziation Vol. VII, Nr. 3, S. 145ff.)*

So verbirgt es die verschiedenen Bedürfnisse und Affekte, spaltet sie ab in unterschiedliche Teile seiner Persönlichkeit.

Ihr Onkel mit seinen Söhnen foltert das Kind. Sie richten einen Schäferhund ab, dem Mädchen die Scheide auszulecken.

Sie hat Todesangst, glaubt dennoch, sie ist verrückt, das kann gar nicht sein, spaltet das ganze Geschehen ab und weiß nicht mehr, dass es jemals passiert ist.

Was bleibt, ist die Hundephobie und eine diffuse Erinnerung an ein schwarz gekacheltes Badezimmer.

Sowie die feste Überzeugung: „Ich bin der letzte Dreck, ich bin ein Monster."

Oder ist es die Frage: „Bin ich der letzte Dreck, bin ich ein Monster? Und wenn ja, wer befreit mich davon?"

Sie ist gehetzt und gejagt, die Mama ist hinter ihr her, ihr ist eine Tasse heruntergefallen.

Fünfzehnjährig glaubt sie zu wissen, dass sie verrückt ist. Sie hat keine Chance.

Sechzehnjährig sagt sie, es ist doch alles sinnlos. Ich habe keine Zukunft. Alles was du sagst, ist gelogen.

Und sie weiß dies nicht nur, sie verkörpert dieses Wissen und ist wie jemand, der ganz davon und nur davon ausgefüllt ist.

Sie ist wie eine Fünfzehnjährige, die ihr Verrückt-Sein lebt und sich besessen davon fühlt oder spielt, glaubt sie es wirklich oder will sie erlöst oder befreit sein davon? Immer wieder schreit sie: „Ich gehöre in die Psychiatrie, bring mich dahin!"

Ich entscheide in meiner weiteren Arbeit mit ihr, dass sie selbst nicht so ganz daran glaubt und das „Verrückt Sein" etwas ist, was sie bedroht, etwas, das ihr von außen suggeriert wurde. Etwas, was sie überprüfen will.

Schwieriger ist es für die Jugendliche, die etwa Sechzehnjährige. Sie lebt mit dem Wissen um die Gräueltaten und glaubt daran, keine Zukunft zu haben und sie weiß nicht, wie sie damit ins Leben gehen kann, und sie sträubt sich gegen jeden und alles. Sie lebt, als sei sowieso alles sinnlos und alle Menschen ihre Feinde. Jeder belügt und betrügt sie. Bezeichnend für sie sind ihr „feindliches Misstrauen" und ihre Verzweiflung.

Die etwa Zwölfjährige trägt die Schuld des ganzen Systems, vor allem für das, wofür ihre Mutter sie bestraft hat. Und später für das, was in ihrer eigenen Familie nicht so läuft, wie es ihre Mutter für richtig gehalten hätte.

Hanna sagt zu ihrem Ehemann Andreas: „Du bist auch nicht von deiner Mama missbraucht."

Nicht nur traumatische Erinnerungen und Affekte werden dissoziiert, sondern auch die gesunden kindlichen Wünsche, die es an die Beziehung zur Mutter hat, Wünsche als ihre Tochter gesehen, anerkannt und angenommen zu sein, Wünsche nach Empathie, Trost, Bewunderung, Sicherheit und Selbstdifferenzierung. Was bleibt ist die nackte Angst, das Entsetzen, die Verzweiflung und der Wunsch, dem Ganzen ein Ende zu setzen. *(Sand, Susan, a. a. O. S. 151)*

Die DIS ist eine schwere Persönlichkeitsstörung und in Verbindung mit ihr kommt es in der Entwicklung des Kindes meistens zu einer Bindungsstörung – d.h. eine Störung, die sich aufgrund des Kontaktes zwischen der oder den Bezugspersonen und dem Kind bildet. *(Huber, M., Wege der Traumabehandlung, Teil I, S. 190)*.

Susan Sand hat zur Entwicklung zwischen Eltern und Kind in der Missbrauchsfamilie Stellung bezogen: Die extremen Formen aktiven und sadistischen Missbrauchs, die wir bei Eltern von DIS-Klientinnen sehen, sind stets nur ein Teil eines heimtückischen Unvermögens, einfühlsam auf die entwicklungsgemäßen Bedürfnisse des Kindes zu reagieren; dies schließt die eher „passiven" Formen wie Vernachlässigung und Verlassen ein. *(Sand, a.a.O. , S, 152)*

Huber, M. gibt Information und fasst zusammen: „Komplex traumatisierte Menschen haben häufig nicht nur einen Gewalttäter in der Familie (…) sondern mehrere. Nicht nur einen Täter außerhalb der Familie, sondern mehrere. Wer multipel wird, hat eine ganze Reihe von Menschen als TäterIn an sich selbst erlebt. *(VIELE sein, S. 40 f.)*.

Hannas Mutter benutzte ihre Tochter zu ihrer eigenen Bedürfnisbefriedigung und versagte ihr die Möglichkeit, sich kindgemäß zu entwickeln. Sie selbst war aus Pommern geflüchtet und war somit betroffen von Gewalterfahrungen. (Darüber wird im Kapitel „Mütter" näher berichtet.)

Häufig kehren Eltern von DIS-Klientinnen die normale Eltern-Kind-Beziehung um und erwarten vom Kind die Erfüllung ihrer eigenen narzisstischen Bedürfnisse.

Nach dem Gruppenabend, an dem Hanna ihre Anteile sah und durcheinander geriet – alle driften in unterschiedliche Richtungen, machen, was ihnen in den Sinn kommt, zeigen mir den Stinkefinger u. ä., sie sind überwiegend aggressiv, schreien und schlagen um sich und laufen im nächsten Moment hinter mir her – Hanna ist nur noch in ihren kindlichen Anteilen sichtbar: Immer wieder sagt sie oder sagen sie, wenn ich sie geteilt sehe: „ Hau ab, lass mich in Ruhe, mit so einer wie mir gibst du dich ab, hast du nichts Besseres zu tun?"

Ich sehe mit Erschrecken: Sie ist ein verwahrlostes Kind und nimmt ihre Verurteilung vorweg. Sie ist in der Scham und fühlt sich schuldig für alles, was ihr angetan wurde. Sie zeigt ihre Gefühle von Wertlosigkeit und Beliebigkeit.

Und ich weiß, ich muss sie anbinden, und annehmen, wenn ich weiter mit ihr arbeiten will.

Alles was sie zeigt ist nachvollziehbar. Da ist nichts Wahnhaftes.

Sie lief hinter mir her, blieb stehen, wenn ich stehen blieb und folgte mir – eine Dreijährige. Ich musste mich um sie kümmern. Sie hatte mich zu ihrer Mama gemacht und hielt daran fest – viele Jahre.

Übertragungen zeigen die Vergangenheit in ihrer unbewegten Form und erreichen, dass die Gegenwart verstellt wird. Dabei wird nicht nur die Situation übertragen, sondern mit ihr verbunden alte Atmosphären und Gerüche.

Wenn du mit stark dissoziierten Menschen arbeitest, musst du davon ausgehen, dass sie in einer früheren Situation sind, sobald sie deinen Arbeitsraum betreten, und sie stellen dich hin, wo sie dich gerade brauchen.

7.2 Zu Hannas Biografie

Kindheit

Die kindlichen Anteile von Hanna sind sich einig, dass Hannas Mutter sie sexuell missbraucht hat. Hanna hat dies bis heute nicht bestätigt. Sie hat keinen Zugang zu diesem Trauma. Die Symptome, die sie aufweist, einschließlich der abgespaltenen Anteile von Hanna, deuten darauf hin, dass dieses zutrifft, ebenso wie die von Hanna erinnerte permanente Abwesenheit ihrer Mutter, sowohl psychisch als auch körperlich.

Hannas Vater war Handwerker und sehr darauf bedacht, sich beruflich zu profilieren. Er überließ seiner Frau die Erziehung der beiden Mädchen. Hanna mag ihren Vater, sieht ihn heute mit Abstand und sagt: „Er hat viel gemacht und er war ein richtiges Weichei. Er hat mir nicht geholfen mit der Mama umzugehen. Ich habe ihm damals alles erzählt, was los war mit ihr, und er hat gesagt: „Du weißt ja wie sie ist." „Nichts wusste ich, ich wollte das von ihm hören und bekam keine Antwort. Alles blieb beim Alten. Meine Eltern waren fleißige Leute. Sie waren darauf bedacht, das Geld zusammen zu halten, sie hatten Ersparnisse für jede von uns, als wir erwachsen wurden. Sie kamen aus Pommern und wollten sich hier integrieren, für sich und ihre Kinder eine Zukunft schaffen. Nach dem Abitur wollte ich mit einem Studium beginnen, das hat meine Mutter mir nicht erlaubt. Sie sagte: „Du machst erst eine Berufsausbildung." Von meiner Mutter habe ich nichts bekommen. Sie war meistens nicht präsent. Sie hat mich immer weggeschickt zu meiner Tante und zu meinem Onkel, der mich missbraucht hat."

Hanna wuchs mit ihrer jüngeren Schwester auf. Die Mädchen hatten eine permanente Konkurrenz miteinander um die Liebe und Fürsorge ihrer Mutter. Meine Mutter sagte: „Ich kann nur eine lieben, entweder dich oder die Ingeborg und meistens liebe ich die kleinere." Beide Mädchen entwickelten im Alter von dreizehn/vierzehn eine Magersucht. Hanna weiß nicht, ob ihre Schwester auch von einer Spaltung betroffen ist wie sie selbst. Hanna war ein Jahr später bulimisch und mit sechzehn alkoholabhängig.

Hannas Mutter war aus Pommern geflohen mit ihrer Familie. Sie war noch ein Kind. Sie lebte in einer Familie, in der sexueller Missbrauch üblich war, Ihr Vater, ihre Brüder und ihre ältere Schwester schienen die weiblichen Familienmitglieder zu missbrauchen, weiterzugeben, was sie selbst in ihrer Familie erlebt hatten. Hanna beschreibt ihre Mutter als kalt und sehr wenig in der Gegenwart, eher mit Vergangenem, nicht bewältigtem beschäftigt, so dass sie gar nicht in der Lage war ihren beiden Töchtern gerecht zu werden.

In Folge werde ich eine kurze chronologische Beschreibung des Prozesses der Hanna geben, die sich in sieben Anteile gespalten hatte und sich von ihrer Mutter sexuell missbraucht fühlte. Der sexuelle Missbrauch durch ihre Mutter ist als Tatsache nicht gesichert, und ich kann ihn zunächst nur als Inhalt ihres traumatischen Erlebens betrachten. Traumainhalte sind als Tatsachen nicht verwertbar, so z.B. vor Gericht. *(Vgl. hierzu: Huber, Michaela a.a.O., S...)* So auch die inzwischen erwachsene Hanna, sie bestätigt den Missbrauch nicht, weicht ihm – möglicherweise schamvoll – aus.

Hanna kam zum Erstgespräch, im November 1999. Sie sagt: „Bis jetzt konnte mir niemand helfen. Ich bin von einem Therapeuten zum nächsten gegangen. Bis jetzt hatte jeder seine vorgefertigte Meinung, die nicht so viel mit mir zu tun hatte". Im Laufe des Gesprächs sagt sie: „Ich werde warten bis meine Söhne groß sind, danach werde ich mich umbringen, so oder so." „Mit elf war ich magersüchtig, danach bulimisch und dann alkoholabhängig. Und dann habe ich meinen Mann aus dem Iran geholt, hier eine Familie gegründet, zwei Söhne bekommen und lebe jetzt hier in B-Stadt. Meine Mutter sagt: „Sei vernünftig, du hast doch alles zum Glücklichsein!" „Ich bin es nicht, ich bin vom Teufel besessen."

Sie kam aus der Reha, möchte Klarheit, eine Gruppe von und mit Frauen machen. Die Gruppe begann. Hanna war dabei. Sie war sehr darauf bedacht möglichst viel zu lernen. Nach der ersten Kennenlernzeit arbeitet die Gruppe an den verinnerlichten Sätzen, an den Introjekten, an allem, was wir unfreiwillig von unseren Eltern mitbekommen haben und was bis heute unser Tun bestimmt. Hanna erkennt den Satz „Sei doch vernünftig" als den Satz ihrer Mutter, der im Wesentlichen ihr Tun bestimmt hatte. Sie lässt ihn los, als den Befehl ihrer Mutter und fällt in sieben Einzelteile auseinander. Sie steht da mit sieben Anteilen in ihrer Person. Jeder Anteil gehört zu ihr, sie sind allesamt Kinder, Mädchen im Alter von 0 bis 16 Jahren.

In der Folgezeit werden alle kindlichen Anteile in ihrer Funktion für die Erwachsene bzw. für das Erwachsenwerden Hannas sichtbar. Sie sehen in mir ihre Mutter. Sie wissen zwar, dass ich, wie sie sagen, eine Ersatzmutter bin, die vorübergehend für sie zuständig ist, und dennoch im Erleben sind sie allesamt projektiv. Ich bin für sie eine Projektionsfläche, auf der sie sich abarbeiten können, eben eine Mama, die für alles zuständig ist.

Die Frage ist, wie kann sie bzw. wie können sie, die inneren Anteile, besonders das sechzehnjährige Mädchen, mit dem sexuellen Missbrauch ihrer Mutter überhaupt leben? Sie ist überzeugt davon: kein Mensch kann damit leben. Sie sucht nach Überlebenden, findet ein Buch, in dem die Autorin über den sexuellen Missbrauch ihrer Mutter berichtet. Sie findet erschreckend viele Ähnlichkeiten. Sie steht auf der Schwelle zur jungen Erwachsenen. Sie kann den Schritt nicht tun. Zu vieles ist noch ungeklärt für sie. Sie sagt: „Ich bin der letzte

Dreck." „Ich bin verrückt, ich muss ja verrückt sein, ich gehöre in die Psychiatrie".

Lieber verrückt sein als so etwas wahr haben zu wollen. „Mit so etwas wie mir gibst du dich ab", sagt sie zu mir. „Ich bin ein Monster, ich muss ja ein Monster sein, sonst hätte man mir das doch nicht angetan." „Ich bin selber schuld an dem, was mir angetan wurde".

Aus der Angst um ihre Existenz, um ihr Leben und aus den Folgen des sexuellen Missbrauchs – vor allem den Folgen, die durch die Beziehungsstörung zu ihrer Mutter entstanden sind, entstehen die kindlichen Anteile. Darüber hinaus ist es der frühe sexuelle Missbrauch und die Folter durch die Brüder ihrer Mutter, die ihre existenzielle Not ausmachen. Ihre Mutter erlebt sie als Verräterin. Sie hat veranlasst, dass Hanna als Kind immer wieder zu ihrer Tante, der Frau des missbrauchenden Onkels geschickt wurde.

Hannas Projektion der verratenden Mutter auf ihre Therapeutin und die wohlwollende Beziehung der Therapeutin zu der sechzehnjährigen Hanna erschweren die Beziehung zu ihrer Therapeutin. Die sechzehnjährige Hanna erlebt ihre Mutter als strafend, wenn sie sich der Therapeutin zuwendet, wird dies von ihrer Mutter mit sexuellen Übergriffen bestraft.

Aus diesen Themen und Problemen entstehen die kindlichen Anteile Hannas. Sie entlasten die Erwachsene und sorgen für das gemeinsame Erwachsenwerden.

So ist die Sechzehnjährige davon überzeugt verrückt zu sein und keine Zukunft zu haben. Sie ist aggressiv und voller Misstrauen.

Die Zwölfjährige trägt die existenzielle Schuld, d. h nicht nur die Schuldgefühle. Sie ist schuld mit ihrer Existenz. Sie ist überzeugt davon, an allem schuld zu sein.

Im System ist auch ein gesundes Kind, ein Dreijähriges, das gern durch Pfützen läuft und Schokolade isst.

Ein achtjähriges Mädchen ist nur für Sex mit Erwachsenen zuständig. Es kann nichts anderes als sich anbieten: „Machst du Sex mit mir?" fragt sie und sagt, sie könne nichts anderes.

„Ich bin verrückt", „ich bin der letzte Dreck" und „ich bring mich um" sind die sie begleitenden Sätze.

„Du bist der letzte Dreck" „Du bist nichts wert" „Du bist ein Nichts" „Du bist verrückt"

Diese inneren Anteile mit all den Problemen, Themen, Erinnerungen, Schrecken und Suizidgedanken sorgen dafür, dass die Erwachsene wenigstens zeitweise frei davon ist und erwachsen werden kann.

Alles steht und fällt mit dem Bedürfnis geliebt zu sein! Sicherheit, Chancen haben, Selbstwert, Zukunft.

Sie glaubt zu sterben – hat Krebs, fährt ihr Auto vor den Baum oder bringt sich um bevor ein anderer es tut.

Alles, was sie tut führt zu Vergeblichkeit. Sie hat keine Möglichkeiten. Sie ist immer schuldig. Ihr Leben ist nichts wert.

Das innere Kind mit seinen Wünschen, Bedürfnissen ist in der Symbiose gebunden an die symbiotischen Wünsche an seine Mutter: „Ich will bei dir schlafen". „Machst du Sex mit mir". „Ich will immer bei dir sein". Und befreit damit die Erwachsene von den Themen ihres inneren Kindes, und macht so die Entwicklung möglich.

Im Laufe ihrer Therapie geht es jahrelang darum, sie anzubinden d.h. die Funktion der Bindungsstörung im Blick zu haben. D.h. Ihr permanentes Bemühen um Bindung/Nähe als Funktion für ihre Entwicklung zu erkennen und sie darin zu unterstützen auf eigenen Füßen zu stehen.

Sie zeigt sich als dieses verwirrte Kind, das sie ist. So erscheint sie, als zeige sie die Reste der Traumata: schreiend und tobend, aggressiv heulend in alle Richtungen.

Im Laufe ihrer Therapie funktionalisiert sie ihren Wunsch nach Angebunden-Sein, indem sie die Nähe zu ihrer Therapeutin als Schutz und Hilfe für sich betrachtet, um ihre traumatischen Erlebnisse aufzuarbeiten. Immer mehr findet sie für sich eine Sprache statt der anfänglichen traumatischen Schreie.

Sie entscheidet sich einmal als Kind – und einmal als Erwachsene – für ihr Leben in Gesundheit und gegen ein Verwahrtsein in psychiatrischen Kliniken. Sie begreift, dass sie eine Arbeit, die sie anfängt, auch zu Ende führen und sie zu einem Ergebnis bringen kann. Im Gegensatz zu ihrer produzierten Vergeblichkeit: Sie hatte immer mindestens sieben, oft noch mehr angefangene Dinge, die sie nicht weiterführte.

Sie begann ihr Studium der Rechtswissenschaft, führte es in kürzester Zeit zu Ende. Sie machte ihr Referendariat und baute sich eine selbständige Arbeit auf. Dieses alles zunächst ohne das Gefühl einen Erfolg dabei zu haben. Der stellte sich später beim Verrichten einfacher Dinge ein.

7.3 Das Versprechen
7.3.1 Die Weggabelung / die Herausforderung

Entweder ich bin verrückt und gehöre in die Psychiatrie, oder ich nehme die Anstrengung an und die Herausforderung einen gesellschaftlich akzeptablen Weg zu gehen.

Das zwölfjährige Kind Hanna setzt sich auseinander mit diesen Themen. Es ist konfrontiert mit der Problematik: Wie ist es für es, sich dem Psychisch-Krank-Sein zu überlassen, zu sehen, was für Folgen es hat: Welche Kontakte wird es haben? Was bleibt ihm im Leben versagt? Wie sind die Nebenwirkungen von Medikamenten, die es nehmen muss? Warum bringt sich jemand mit einer ähnlichen Biografie um? Das Kind weicht einer endgültigen Antwort aus, bleibt im Hier und Jetzt und entscheidet dann, dass es alles will.

Die erwachsene Hanna ist nur selten präsent. Sie fühlt sich nicht imstande eine Antwort zu geben. Sie glaubt vielmehr, dass es nicht zu schaffen ist. Sie hat wenig Hoffnung.

Sie macht ein Praktikum innerhalb ihres Studiums bei einem alternativen Theater. Und ist hier konfrontiert mit den Folgen psychischer Erkrankung. Als Fünfzehnjährige will sie lieber verrückt sein als zuzugeben, dass sie in irgendeiner Weise betroffen sein könnte. Sie blendet aus, was ihr geschah und Mutters Worte: „Du bist verrückt, du bist schon mit der Beule am Kopf geboren", glaubt sie von sich. Und sie glaubt, dies sei Ursache für ihr vermeintliches „Verrücktsein". Sie stellt den Zusammenhang nicht her und geht unbeschwert in ihr Praktikum.

Die sechzehnjährige Hanna hat immer wieder Stress mit mir. Sie ist extrem misstrauisch, fühlt sich bedroht, schreit nach vorn und ist dennoch weit weg – nicht hier.

Ihr Konflikt ist der, wenn sie zugibt mich zu mögen, verrät sie die

Liebe zu ihrer Mutter. Wenn sie zu ihrer Mutter steht, verrät sie mich zu mögen.

Zunächst läuft sie wie automatisiert nach der Gruppensitzung durchs ganze Stadtviertel, läuft bis zur physischen Erschöpfung, fällt dann in meine Arme, bricht zusammen und weint fassungslos.

Sie sagt: „Niemand hält mich aus", sie verhält sich laut, wirft Gegenstände um sich, schreit mich an: „Bring mich doch in die Psychiatrie."

Lieber verrückt sein als die Wahrheit zu erkennen, nämlich von der Mutter missbraucht zu sein. Sie hat mit ihrer unmittelbaren Umgebung hier in der Theaterlandschaft psychisch Kranker nichts zu tun. Sie dissoziiert und verhindert damit die Erkenntnis.

Das alternative Theater ist gekoppelt an die ambulante Psychiatriestation. Kreative psychisch Kranke sind gefordert, Rollen eines Theaterstücks zu übernehmen. Psychisch Kranke sind die Schauspieler. Die zwölfjährige Hanna ist ergriffen von dem was sie sieht. So nah ist die Lebensgeschichte der Schauspieler ihrer eigenen.

Das Schauspiel ist so konzipiert, dass die Schauspieler in groben Zügen ihre eigene Biografie – also die der Schauspieler – darstellen.

Sie ist etwa 12 Jahre alt. Sie fragt, warum bin ich hier und die Schauspieler in der Psychiatrie? Ich habe Glück gehabt. Ich habe dich kennengelernt, sonst wäre ich jetzt auch da.

Warum hat der Friedhelm so einen starren Blick, liegt das an den Pillen, die er einnehmen muss? Heute habe ich in der Zeitung gelesen, eine Todesanzeige habe ich gesehen. Der Heinz lebt nicht mehr. Er ist tot. Am Montag habe ich ihn noch gesehen. Er hat sich das Leben genommen, sagen die Schauspieler. Warum, warum, warum? Warum er und nicht ich?

„Ich könnte mich berenten lassen, haben die mir in der Klinik angeboten. Das könnte ich tun und säße dann und würde malen und mich mit mir beschäftigen. Dann müsste ich nicht an die Uni gehen und mir das alles anhören und die ganze Arbeit tun. Dann hätte ich ein gutes Leben. Ich kann mich dafür entscheiden, dann müsste ich mich nicht jeden Tag darum sorgen, ob ich erwachsen genug bin, um den ganzen „Erwachsenenscheißdreck" müsste ich mich nicht kümmern."

„Und was möchtest du jetzt hier in diesem Moment?"

„Malen". Sie holt sich den Zeichenblock und malt.

Steht nach 20 Minuten auf, zeigt mir ihr Bild und sagt: „Jetzt gehe ich."

„Und was möchtest du jetzt?"

„Nach Hause gehen und mein Referat zu Ende machen."

„Aha. Und was heißt das jetzt für dich?"

„Dass ich alles will, ich will malen und mich um nichts kümmern müssen und das Referat für die Uni machen."

8. Abwehrmechanismus als Überlebensstrategie

8.1 Identifikation mit dem Aggressor

Hanna wurde schon als kleines Kind von ihrem Onkel vergewaltigt. Er ließ das Mädchen mit seinen Verletzungen zurück, frierend und bewusstlos. Hanna wiederholte dieses Erleben in ihrer Therapie, als sie sich wie „der letzte Dreck" fühlte und ihre Therapeutin anrief.

Ferenczi hat das Verhalten einer Frau während einer Vergewaltigung genau beschrieben. Eine Frau spürt absolute Hilflosigkeit, Ohnmacht und für sie völlig unkontrollierbare und das Ich überflutende Todesangst. Gleichzeitig erlebt sie ihre Abhängigkeit vom Verhalten des Täters, den sie in dieser Situation als allmächtig erlebt. Dies führt zu einer erzwungenen Reinfantilisierung des Opfers, da die Frau sich so abhängig, klein und ausgeliefert fühlt wie zum Zeitpunkt ihrer frühesten Kindheit. In dieser Situation sucht sie nach einer Person, die ihr Schutz bietet und die Situation zum Guten wenden kann. Dies kann in diesem Moment nur der Täter sein, denn er ist der einzige, der in der Lage ist, die traumatische Situation für die Frau zu beenden. So erlebt sie ihn zwangsläufig als einzigen potentiellen Beschützer und Garanten für ihr Überleben. Daher hofft die Frau paradoxerweise mehr oder weniger bewusst auf Rettung, Versöhnung und Trost durch den Täter. *(Imke Deistler u. Angelika Vogler. Ferenzi: Einführung in die dissoziative Identitätsstörung. Multiple Persönlichkeitsstörung. Paderborn 2002, S. 71)*

In dieser Situation absoluter Hilflosigkeit hängt das Überleben der Frau oder des Kindes allein vom Verhalten des Täters ab. Dabei ist es für die Betroffene am wichtigsten sich in den Täter hineinversetzen zu können, um das Gefühl zu bekommen, sie sei so stark wie er.

So muss die Frau Stimmungen, Bewegungen, Wortwahl des Täters aufnehmen, um wenigstens etwas Berechenbarkeit erreichen zu können. Einfühlungsvermögen und Identifikation sind also in solch einer Situation die wesentlichen Garanten für das eigene Überleben. Durch die Identifizierung erreicht die Frau, dass der Täter als äußere Bedrohung verschwindet. Wenn sie so stark und unabhängig ist wie der Täter, verschwindet der Angreifer als äußere Realität, denn jetzt hat sie seine Stimme verinnerlicht, die sie in ähnlichen Situationen jederzeit abrufen kann. Seine Stimme im Innern sagt ihr, meist in lebensbedrohlichen Situationen, in denen ja immer der Täter oder die Täterin da ist und die Situation bestimmt, was er von ihr hält, was sie tun soll und wie er sie haben will, um ihr Gewalt antun zu können. So z. B. sagt er ihr: „Du bist der letzte Dreck, nichts wert, man könnte dich entsorgen." Für den Täter ist es leichter, dem Kind oder der Frau Gewalt anzutun, wenn er sie als letzten Dreck sieht.

Die verinnerlichte Täterstimme wird im therapeutischen Prozess als Täterintrojekt bezeichnet.

So zum Beispiel Hanna heute als Erwachsene: Sie sieht sich als kleines hilfloses, zappelndes Wesen und weiß, so will sie niemals sein. Sie sieht sich mit den Augen der Täter an und sagt: „Ich bin der letzte Dreck." „Ich bringe mich um."

Und sie sagt es noch heute, noch nach zwölf Jahren Therapie. Das liegt daran, dass sie, um dieses aufzulösen, auf die Unterstützung ihrer Therapeutin angewiesen ist. Die Betroffene erkennt bestenfalls die Stimme des Täters, mit der sie spricht, doch sie kann nicht zeitgleich die Auseinandersetzung mit ihm führen. Aus diesem Grund ist sie bis jetzt nicht in der Lage, diese Erfahrung aufzulösen. Sie lässt nichts ankommen, sagt „ja, ja" und geht aus der Situation.

Oder: Sie lässt sich ein und sieht sich bedroht von ihrer eigenen Kleinheit. „Die kann doch gar nicht existieren, die ist der letzte Dreck, kann man entsorgen, so was gehört in den Mülleimer."

Dazu, um das auszuhalten, switcht sie in die Person des Täters. Seine Mimik und Gestik kennt sie genau, seine Stimme und seine Entschiedenheit:

Ihr Gesichtsausdruck verändert sich, ihre Stimme wird kräftig, sie nimmt eine Körperhaltung an, die ich so an ihr noch nicht gesehen habe, stemmt sich auf, ihre Arme, Schultern sind kraftvoll. Dieses alles braucht sie, um dem standzuhalten. Sie sieht sich nicht nur mit den Augen des Täters, sondern fühlt sich wie er, überlegen und eiskalt.

Ich bin erschrocken.

„Ich kann dieses unnütze Ding jederzeit vernichten", sagt sie mit der Stimme des Täters. Dieser ist der stärkste Teil ihrer Gesamtperson.

Sie verinnerlicht auch das Bild, das der Täter von ihr entwirft, übernimmt und internalisiert, d.h. sie fühlt sich minderwertig, benutzt, schmutzig und schuldig. Sie ist nicht nur schmutzig, weil ihr das passiert, sie ist auch noch selbst schuld. So verinnerlicht sie nicht nur die Sichtweise des Täters, sondern übernimmt auch die Schuldgefühle, die er leugnet. Die Bearbeitung derartiger Introjekte spielt in der Therapie von sexuell missbrauchten Menschen eine zentrale Rolle. *(Imke Deistler u. Angelika Vogler, a.a.O. S. 71 f.) (Abwehrmechanismus „Identifikation mit dem Aggressor", Ferenczi 1933. Vgl. hierzu auch: Jan Philipp Reemtsma, Im Keller, Rowohlt Taschenbuch Verlag, Reinbek bei Hamburg, 1998, S. 56 ff.)*

Das Kind kann das Risiko nicht eingehen, das zu fühlen, was der Situation entspräche. Es müsste schreien und sich wehren. Es riskiert nicht, dieses zu empfinden und es zu sagen, es weiß nicht, ob es die Situation überlebt. So ist es leichter für es zu sagen: „Ich bin selbst schuld an dem, was mir zugestoßen ist".

Damit hat es die vermeintliche Chance, dieses auch zu verändern. Es übernimmt Bezeichnungen des Aggressors, z.B. „ich bin schlecht", „ich bin der letzte Dreck", statt „ich wurde so behandelt, als wäre ich der letzte Dreck."

„Ich bin allein damit und ich bin selber schuld" sagt es zu sich. Es ist in der Isolation. Schuld wird dabei als Zurückweisung erlebt. Es ist selber Schuld und niemand will mit ihm zu tun haben. Die Verbindung zu ihrer Umgebung ist unterbrochen. Der Kontakt nach außen, zur Umwelt ist nicht mehr möglich und dieses wird als eigene Wertlosigkeit und Schlechtigkeit erlebt.

– In Retroflexionen wird der Wunsch den Aggressor zu bestrafen in Selbstbestrafung zurückgewendet. Ich hasse den Täter wird zu: Ich hasse mich.

– Im Bedürfnis nach Unterstützung: Äußerungen dieses Bedürfnisses sind verbunden mit dem Glauben, aufgrund der eigenen Wertlosigkeit keine Unterstützung zu verdienen; statt „Ich fühle mich schlecht durch das, was mir angetan wurde": „ Ich bin schlecht."

Damit fühlt sich das Mädchen allein. Niemand hilft ihm. Das ist seine Erfahrung, die es im Innern fixiert. Später in der Therapie wird deutlich wie sehr die Frau an ihrem Wissen: „Ich erhalte keine Hilfe, also bin ich es auch nicht wert, Hilfe zu erhalten" festhält.

Die Aufgabe der inneren Beziehung zum Täter wird von der Frau als Verrat empfunden. Die psychotherapeutische Arbeit an der Beziehung zum Täter und an ihrer Schuldlosigkeit ist eine lange schmerzhafte Wegstrecke.

Irgendwann im Laufe des Prozesses kann Hanna, so wie viele Frauen, die sexuell missbraucht wurden, den sexuellen Missbrauch nicht mehr leugnen. Sie muss einen Sinn finden für das, was ihr passiert ist. Es muss doch einen Grund geben. Sie konstruiert ein Sinnsystem: kommt unweigerlich zu dem Schluss, dass das Böse in ihr selbst der Grund für den Missbrauch ist. Wenn sie böse ist, dann sind die Eltern und Missbraucher gut. Wenn sie böse, der letzte Dreck ist, kann sie versuchen gut zu werden. Wenn sie aus irgendeinem Grund selbst schuld ist an ihrem Schicksal, hat sie vielleicht auch die Macht, das Schicksal zu ändern.

Sie sucht den Sinn im Außen. Im Außen ihr Leben zu verändern, scheint nicht so schwierig zu sein. Sie entwickelt Strategien, um Einfluss im Außen zu gewinnen. Sie probiert es mit dem Essen, mit Diäten, mit Beschäftigungen, die ihre alltägliche Befindlichkeit beeinflussen, z.B. mit EBAY-Einkäufen, Wolle kaufen, verkaufen etc. All diese Dinge gewinnen einen Suchtcharakter.

8.1.1 Einmal Opfer – immer Opfer?

Opfer im Heilungsprozess

Ein fatalistischer Gedanke: „Ich bin immer die Schuldige und das Opfer der Anderen." Der Alltag, das Milieu in der Familie, das Erleben des Kindes ist genau dieses.

Sie trägt die Verantwortung dafür, dass alle schweigen, sie hat das Wissen um das was passiert, die Verwirrung, weil sie es nicht einordnen kann, weil dies nicht zum Leben und Erleben eines Kindes gehört. Sie bindet sich an das, was der Täter, die Täterin sagt: „Du willst das doch auch." – „Das muss so sein."

Sie erfährt, dass ihre Wahrnehmung vom Gegenüber nicht für richtig gehalten wird, der andere ist der ‚Richtige'. Um zu überleben, muss sie sich an ihm/an ihr orientieren – bis zur Selbstaufgabe. Sie muss wissen, was der andere sagen wird, fühlt, vor allem, was er von ihr will. Sie gibt es nicht, das ist ihr Erleben. Es gibt sie als Opfer des anderen. Der andere verfügt über sie, sie lässt dies geschehen. Rettet sich in die Dissoziation: in der sie alles was geschieht von sich fernhält und sich selbst auch. Vor allem den Schmerz, die Demütigung, ihr ganzes Wollen, ihr Kind-Sein.

Sie rettet sich in eine andere Identität: Sie ist das Mädchen, das nur für Sex zuständig ist, für den Sex des Erwachsenen. Alles was sie ist, und vor allem ihre eigenen Fähigkeiten, spaltet sie ab von sich und ist dann dieses regredierte Etwas, das nur für Sex mit ‚Großen'/‚Mutter' zuständig ist.

Die Fähigkeit zu denken, zu lesen und zu schreiben, sich anzupassen, ordentlich zu sein, Regeln einzuhalten etc. kumuliert sie in ein Mädchen, das zur Schule geht. Die Unterdrückung der eigenen Regungen prägt wieder eine andere Person. Sie ist im Widerstand gegen alles, hört und versteht nicht was der andere sagt, besteht nur aus dem ‚Dagegen'.

Kein Kind, und ich vermute auch kein Erwachsener, erträgt den Gedanken für Vaters oder Mutters Sexualität zuständig gewesen zu sein. Damit zu leben scheint undenkbar. Der Gedanke, nicht mehr leben zu können, bzw. zu wollen, drängt sich immer mehr und immer stärker auf. Und er ist störend im Alltag, in der Schule hat er keinen Platz, zu Hause auch nicht – weder beim Spiel mit Gleichaltrigen noch überhaupt irgendwo. Er wird gebündelt mit vielen Wünschen woanders zu sein, oder mit Vorstellungen, wie der eigene Tod inszeniert werden kann: z.B. springen vom Hochhaus oder sich auf die Bahnschienen werfen. Und er wird getragen von einer abgespaltenen Person, die ‚nur' dann in Erscheinung tritt, wenn sich ein Drama im Innern oder im Außen abspielt oder abgespielt hat und sie sich mit der verinnerlichten Täterstimme sagt: „Egal, du bist so wieso der letzte Dreck."

Gelernt und erhalten bleibt die Fähigkeit zu dissoziieren, d.h. abzuspalten, alles Unliebsame aus dem täglichen Erleben und aus Situationen fernzuhalten, sich zu schützen.

Das Kind entkommt dem Konflikt zwischen Falsch und Richtig. In jedem Fall ist es der Erwachsene, der richtig ist und Recht hat. Das Kind braucht diese Orientierung zum Überleben.

Es identifiziert sich mit dem Aggressor – mit dem Täter, der Täterin, und weiß somit, was von ihm erwartet wird. Der Erwachsene bietet das an: „Du willst das doch auch, jedes Mädchen will das, es macht ihm Spaß" etc. Damit übernimmt das Kind nicht nur die Sichtweise des Erwachsenen, sondern hält seine eigene Wahrnehmung, seine Gefühle, seine Sichtweise für falsch.

„Das kindliche Opfer entwickelt ein vergiftetes, stigmatisiertes Identitätsgefühl, verinnerlicht damit das Böse des Misshandlers und kann sich so die Primärbindung an die Eltern bewahren". *(Herman, a. a. O. 145)* Der Glaube an das Böse selbst, der Beziehungen aufrechterhalten hat, wird daher auch nicht so leicht aufgegeben, selbst wenn der Missbrauch aufhört; im Gegenteil: dieser Glaube wird ein fester Teil der kindlichen Persönlichkeitsstruktur.

Therapeuten, die eingreifen, versichern den kindlichen Opfern immer, dass sie keine Schuld tragen. Die Kinder weigern sich, von der Schuld freigesprochen zu werden.

„Sie verachten sich weiterhin und nehmen die Schande und Schuld auf sich." *(Herman, a. a. O. S. 149 f)*.

„Das Kind kann die abgespaltenen, idealisierten Bilder nicht angreifen, um daraus Trost zu beziehen. Sie sind zu dürftig, zu unvollständig und haben zudem die Neigung, sich ohne Vorwarnung in Bilder des Schreckens zu verwandeln." *(Herman, a.a.O.S. 149 f)*.

Hanna sagt: „Ich bin ohnmächtig und ich habe keinen Einfluss" und als Folge davon:" Ich bin psychisch krank".

Ihr körperliches Erleben: „Ich fühle die Hand da unten".

Als Konsequenz: „Ich sehe keinen Ausweg, alles ist aussichtslos. Ich mache mich tot."

„Ich binde mir einen Betonklotz ans Bein und gehe ins Wasser".

Die Sinnhaftigkeit ist besser dafür, als gar keinen Sinn zu haben: „Dafür bin ich da, das gibt mir Sinn für mein Leben," so Hanna.

„Ich schlage mir den Kopf an die Wand. Das sorgt für Veränderung der Gedanken und Bilder im Kopf."

„Ich bringe mich um, übergieße mich mit Benzin und zünde mich an," so Hanna.

Aussage Andreas: „Du bist viel zu egoistisch, um dich umzubringen."
Hanna hört sich das an, sagt nichts.

Sie will versprechen: eine Woche lang nicht „Ich bringe mich um, schlag meinen Kopf an die Wand", zu schreien.

Sie ist enttäuscht: Nur eine SMS zum Geburtstag, sie schließt daraus: „Ich bin nicht so wichtig".

Sie wacht nachts auf und wird panisch," ich sterbe. Sterbe ich? Hilfe, ich sterbe! Ehe mich jemand umbringt oder ich sterbe, tue ich es selbst."

- Sie hält sich nicht aus, sie hält sich und ihr Leben für sinnlos, will sich umbringen, sie bewegt sich zwischen Suizidgedanken und der Angst davor. Wie soll sie Sinn herstellen, wenn Bilder der Missachtung, des Grauens, der Attacken auf ihr Leben sie füllen. Wie soll sie zu einem „Ja" zu sich kommen, wenn sie angefüllt ist mit Angst und Schrecken und auch gegenüber ihrer Therapie misstrauisch ist?

Ich als Therapeutin biete ihr Aussagen zu sich selbst an, die sie stützen könnten. Was hast du alles getan, damit deine Mutter dir sagt:

„Du bist wertvoll.
Du bist schuldlos.
Du musst dich nicht bestrafen.
Du bist gewollt, ich will dich und du darfst dein Leben leben".

Sie horcht auf, ihr Gesicht entspannt sich, ihre Augen sind geöffnet und sie sieht mich an: „Nein das würde sie niemals sagen, das macht sie nicht..."

Therapeutin: „Und du, kannst du dir das sagen?"

Pause

Switch:

Sie zerstört ihre Sachen, provokant, will, dass ich sie davon abhalte?

Fühlt sich ungeliebt als Jugendliche, tobt, geht aufs Ganze, wie jemand der nichts zu verlieren hat. (Parallele zu jugendlichen Drogenabhängigen)

Bricht zusammen, weint.

Sie identifiziert sich mit dem Schmerz in der LWS, 3-4 Wirbel. Sie schreit: „Der Schmerz sagt: ‚Ich zerbreche.'"

„Du bist unfähig", sagt die Zwölfjährige. „Ich beweise dir das Gegenteil", sagt sie.

Im Bauch wütet die Angst: „Ich bin nicht gewollt." Die Sechzehnjährige begegnet der Angst: „Ich bringe uns um, ehe wir sterben."

„Mein rechter Arm ist wie betäubt. Die Schulter schmerzt. Die Schulterblätter und der obere Rücken schreien „Halt mich."

Das hat sie gesagt: „Wenn ich nicht wollte, dass du lebst, dann würdest du gar nicht leben." Meine Mutter.

Mutter als Herrin über Leben und Tod? Sie gebiert und kann dieses Leben des Kindes wieder vernichten oder die Androhung als Sanktionsmittel benutzen, um sich das Kind nach ihren Wünschen zu erziehen?

Sie wacht auf mit dem Gefühl unerwünscht zu sein.

„Für mich ist kein Platz, ich bin überflüssig". Sie ist panisch: Und wenn Leo stirbt?

„Ich bin schuld daran, ich will nicht, dass er stirbt, ich habe ihn doch so lieb".

Ich vermute (Hypothese): „Meinst du wirklich Leo, oder könnte es auch sein, dass das die Angst der kleinen Hanna ist?"

„Was war damals deine Angst, die Angst morgens nicht mehr aufzuwachen? Wie sah sie aus, diese Angst zu sterben?"

„Nein, ich hatte Angst eine unheilbare Krankheit zu haben oder Anforderungen nicht überleben zu können".

„Was passierte in deinem Alltag, dass du diese Angst hattest?"

„Ich weiß nicht, ich musste ständig kämpfen."

„Was ist dein Kampf? Warum oder wofür musstest du kämpfen?"

Sie wird ein kleines Mädchen, ca. 2 Jahre, hält den Atem an.

„Es ist so kalt, ich kann nicht mehr" usw.

Ich frage nach:" Was ist so kalt, wo bist du?"

„Meine Mama ist so kalt".

„Deine Mama ist kalt, wo ist denn deine Mama? Und wenn sie hier ist, ist es so kalt und du brauchst doch deine Mama".

„Ja, und sie will mich nicht, ich darf nicht da sein".

Sagt nichts mehr, hält den Atem an.

Switch:

„Oder ich bin da, dann ist sie nicht da".

„Ich suche eine neue Mama, die mich wärmt, bei der ich da sein darf".

Switch:

12jähriges Mädchen: „Ich hatte immer Angst, die Kälte meiner Mutter bringt mich um."

Ich frage nach: „Was hat deine Mutter dir mitgeteilt?"

„Wenn ich nicht wollte, dass du lebst, dann würdest du gar nicht leben!"

Als 12jährige erlebt sie ihren Sohn Leo ähnlich wie einen Bruder oder Freund.

Folgende Situation: Ihr 13jähriger pubertierender Sohn löscht alle Gespräche auf dem AB. Er ist sauer auf seine Mutter und will ihr eins auswischen.

Er erreicht nicht seine Mutter, sondern die 12jährige Hanna, sie sagt: „Der nimmt mir alles weg, macht alles kaputt".

Die 16jährige H. erlebt Leo und ihren Mann als Täter, sie ist in einer ausweglosen Situation, ist wütend und kann nichts verändern.

[Hanna erlebt die Situation wie in ihrer Familie. Ich bin selber schuld, schon weil ich da bin.]

Die 16jährige ist nur wütend, sie hat nichts zu verlieren, sagt, sie alle finden sie schrecklich, „ich brauche keinen Menschen." Sie sagt: „Ich geh' jetzt runter und erschlag ihn."

Der 13-jährige Leo hat sich in seinem Zimmer eingeschlossen.

Die erwachsene Hanna hat keine Möglichkeit an die Oberfläche zu kommen.

Die 6-jährige sagt: „Hol mich hier raus!"

Sie fühlt sich wie in der Herkunftsfamilie. Annahme der Kinder: Mama hat uns vernachlässigt, sich nicht gekümmert, uns wehgetan; das tut weh und macht mich traurig.

Unterscheidung zwischen den Gefühlen, die zu ihrer Mutter gehören und der Beziehung zu mir und ihre Bedeutung für sie.

Misstrauen der Jugendlichen: feindliches Misstrauen, ich glaube, dass ihr oder du oder die ganze Welt mich verlässt. Genauso allein lässt wie Mama es getan hat und jeder mir genauso weh tut. Ehe ich mich erreichen lasse, Schmerz oder Trauer empfinde, mach ich alles kaputt und so viel Ärger, dass ihr mich sowieso nicht aushaltet."

„Ich bin an allem schuld."

„Ich bin ein Stück Dreck, wäre ich nicht geboren, hätte das alles nicht passieren können".

Sie ist aufgekratzt, versucht immer wieder sich zu stabilisieren. Das alles wirkt wie ein Schrei um Hilfe.

„Ich vertraue keinem, fühle mich im Stich gelassen, keiner kann mir helfen."

8.1.2 Mütter

In den Anfängen der 1984er Jahre wurde das Thema „sexueller Missbrauch" erstmalig öffentlich diskutiert. In erster Linie wurden Mütter und die Situation der Mütter, die ihre Töchter nicht schützen konnten, beklagt und angeklagt überwiegend von betroffenen Frauen. Man bekam den Eindruck, die Mütter seien die Täterinnen. Deutlich wurde in dieser ersten Zeit, dass den Frauen bzw. Müttern die Schuld zugeschoben wurde und die Täter verschont blieben. Übersehen wurde dabei, wie sehr sich die Betroffenen eine Mutter wünschten. Die Täter standen unter Geheimhaltungsdruck. Niemand in der Familie durfte erfahren, was wirklich geschah. Auch die Betroffenen schwiegen und schweigen bis heute und tragen die Last des Ganzen. (Kunze-Kamp, Roswita, in: Frankfurter Rundschau, Juni 1986.)

Wenige Jahre später wurde die Situation vieler Mütter deutlich, ihre Verwirrung, ihr Hin- und Her gerissen sein, sie standen zwischen

Mann und Tochter. Deutlich wurde auch, wie schwierig es häufig für sie war, sich zu ihren Töchtern zu stellen, ihnen zu glauben und ihnen den Rücken zu stärken. Oft hieß das für die Frau, sich vom Partner zu trennen.

Hannas Mutter ist wahrscheinlich eine von den Frauen, die zwischen 1935 und 1945 geboren sind. Das ist die Generation, die den Krieg und die Kriegsfolgen einschließlich der Flucht oder Vertreibung erlebt haben. Und somit auch die Kriegsverbrechen und Vergewaltigungen auf der Flucht, sowie die direkten Erfahrungen von Krieg und Vertreibung, die erschütterten, depressiven mit Überleben und den Trümmern und dem Aufbau beschäftigten Mütter und das Fehlen der Väter erlebt haben.

Sie ist in einer Zeit aufgewachsen, in der die Erziehung der Kinder stark beeinflusst war von der Ideologie des Nationalsozialismus, die Bindung der Kinder an die Staatsmacht statt an Mutter oder Vater. *(Huber, Michaela und Plassmann, Reinhard (Hrsg.) Transgenerationale Traumatisierung, Junfermann, Paderborn 2012, S. 16.)*

Hannas Mutter war aus Pommern geflohen mit ihrer Familie. Sie war noch ein Kind. Sie lebte in einer Familie, in der sexueller Missbrauch üblich war. Ihr Vater, ihre Brüder und ihre ältere Schwester schienen die weiblichen Familienmitglieder zu missbrauchen. Und so an ihre Töchter weiterzugeben, was sie in ihrer Familie erlebt hatten.

Sie war sehr wenig in der Gegenwart und präsent, so dass sie gar nicht in der Lage war, Hanna und ihre jüngere Schwester zu erziehen.

Bis heute verweigert sie es, das innere Gift und den ganzen Selbsthass aus ihrer Seele zu lösen und gibt ihn weiter an ihre Tochter *(Huber, Michaela & Plassmann, Reinhard (Hrsg.) Transgenerationale Traumatisierung. Junfermann, 2012, S. 16ff.)*

Wenn die Mutter Täterin ist, ist die Beziehung zur Tochter geprägt durch die Erfahrung massiver Bedrohung. Der eigene Wunsch der Tochter nach Nähe, die eigene Bedürftigkeit ist gekoppelt an die Bedrohung bzw. an die Angst vor Schmerz und Verletzung.

Die Tochter hat die Erfahrung gemacht, dass ihre Bedürftigkeit, ihr Wunsch lieb gehabt zu werden, immer wieder dahinführt, dass ihr Schmerz zugefügt wird.

Das Kind ist immer wieder bereit zu vergessen – es lebt sehr stark im Hier und Jetzt, und begegnet dem Missbraucher oder der Missbraucherin immer wieder mit allem, was es zu geben hat. Meist kreiert das Kind, wenn die Situation für es unerträglich wird, eine Freundin oder eine gute Fee, die ihm hilft die Situation zu meistern, wie z.B. Monique es getan hat. Monique hat dann ein Kind „Es" abgespalten, „Es" trug die Verletzungen und ein Kind, das dem Missbraucher immer wieder mit strahlendem Gesicht begegnet, häufig noch ein drittes Kind, das den gewohnten Alltag oder andere Situationen mit der Mutter oder mit den Geschwistern lebt wie z. B. Fee, die immer die gute Fee war und Monique und ihren Begleiterinnen zur Seite stand.

Vielfach beginnt die Spaltung schon in der Gebärmutter, wenn die Mutter nicht bereit ist, das Kind zu gebären und seine Anwesenheit ignoriert oder es verteufelt. Das Kind braucht den Willen der Mutter, um auf die Welt zu kommen.

9. Die Verwirrung

9.1 Hanna, das bedürftige Kind

Sie kommt und fragt mich, ob sie sich zu mir auf den Schoß setzen darf, sie darf. Sie setzt sich und sitzt angespannt, lugt zu mir und auf meine Hände.

„Wie ist das jetzt hier zu sitzen?"

„Weiß nicht."

Sie sitzt in der Erwartung, ich könnte sie anfassen, meine Hände in ihren Schoß legen, o.ä.

Ich sage ihr, dass ich das nicht tun werde.

Sie glaubt mir nicht, wartet ab.

Ungefähr 15 Minuten vergehen so.

Dann will sie sich wieder in den Stuhl oder auf den Boden setzen.

Das wiederholt sie ungefähr drei Monate. In dieser Zeit macht sie die Erfahrung, dass sie sich auf meinem Schoß entspannen kann, ohne dass ich nach ihr „grapsche". Einige Male hatte sie das Gefühl, dass in ihrem Schoß Hände sind, die sich ihrer Vagina nähern. Ich zeige ihr meine Hände und erkläre ihr, dass ihr Körper sich an diese Empfindungen erinnert.

Hanna überlebte jahrelange sexuelle und körperliche Misshandlungen durch ihre Mutter – vom Babyalter an.

Sie erlitt sexuellen Missbrauch über Jahre hinweg durch männliche Verwandte, mehrere Onkel und Cousins.

Sie wurde Opfer von Folterungen und unbeschreiblichen Grausamkeiten.

Als sie vor drei Jahren in die Beratungsstelle kam, sagte sie, sie habe den Teufel in sich und sobald ihre Söhne erwachsen seien, werde sie sich umbringen. Sie hatte ungefähr sechs Kinder im Alter von 2-16 Jahren abgespalten. Ihre Mutter-Beziehung (und in ihrer Übertragung zu allen Menschen, insbesondere der Therapeutin) ist geprägt von unendlichem Hass und unendlicher Sehnsucht. Ihre Beziehung zur Umwelt ist durch starkes Misstrauen belastet.

Ist die Mutter die Täterin, sind die Sätze, mit denen sie ihr Kind zum unbedingten Gehorsam zwingt, denen der männlichen Täter sehr ähnlich und sind dem rituellen Missbrauch zuzuordnen:

Z.B. suggeriert sie dem Mädchen:

„Du bist schon mit einem Geschwür am Kopf auf die Welt gekommen – folglich bist du organisch minderwertig."

„Du kommst mit keinem klar."

„Du bist verrückt."

„Du musst bei mir bleiben, weil du in der Welt nicht klarkommst."

„Ich habe dir das Leben gegeben und kann es dir auch wieder nehmen."

So bringt sie, wie oben beschrieben, das Kind in eine Sklavenhaltung, die es bis ins Erwachsenenalter beibehält.

Das Mädchen ist resigniert und weiß: „Ich werde keine Zukunft haben"

Zukunft heißt: „Lieb gehabt werden, sicheres Leben"

Egal wie doll ich mich anstrenge, ich komme nicht auf einen grünen Zweig.

Mutter sagt: „Pass mal auf, deine Kinder werden dir das gleiche antun, was du mir angetan hast."

Schuld, Scham, Hilflosigkeit machen das Erwachsenenleben unerträglich und verhindern Erinnerungen und Erkenntnisse.

Hanna friert bei dem Gedanken an ihre Mutter – ihr ist ständig kalt, sie setzt sich an die Heizung. Sie sitzt an der Heizung, bzw. vor der Heizung auf dem Boden.

Hanna erlebt Kälte in der Nähe mit ihrer Mutter.

Ihr Kampf richtet sich dagegen.

Sie wird geboren und keiner will sie haben.

Sie schließt daraus, sie hat keinen Platz in diesem Leben.

Etwa 3 jährig: Irgendetwas ist in der Küche zerbrochen. Mutter schimpft mit ihr, heftig.

Sie weiß nicht weswegen, schlussfolgert: Gäbe es mich nicht, hätte die Mutter/ Familie nicht diesen Stress. Sie ist schuldig, weil sie existiert. Glaubt sie.

Etwa 5jährig: (Wuppertal)

Die Situation am Bahnhof.

Hanna möchte gern mit mir zum Tanztheater von und mit Pina Bausch in Wuppertal fahren. Wir einigen uns auf eine Zugfahrt nach Wuppertal Es schneite und die Bahn ließ den Zug ausfallen wegen der schlechten Witterungsbedingungen. Hanna und ich stehen am Bahnhof. Hanna will Tickets besorgen, findet den Automaten nicht. Alles ist zu teuer. Sie rennt von einem Automaten zum nächsten, wird jünger, etwa fünf. Sie rennt, wirft Geld ein, nichts kommt raus. Ich will sie an die Hand nehmen, mit ihr gehen, damit sie sich beruhigt. Sie ist weg. Ich sehe sie nicht. Ich suche sie. Sie kann einfach so verschwinden, man sieht sie nicht mehr. Sie taucht wieder auf, lässt sich nicht einfangen. In absehbarer Zeit fährt kein Zug. Hanna sagt: „Dann fahren wir eben das Auto holen." Und tatsächlich fuhren wir mit dem Auto nach Wuppertal. Ich bin überrascht. So eine sichere Autofahrt hätte ich ihr nicht zugetraut. Wir kommen viel zu spät, sitzen auf den Stufen des Tanztheaters. Sie hält sich fest an mir. Auf der Rückfahrt. Wir sitzen im Auto, essen unser Butterbrot und trinken eine Cola. Inzwischen ist sie wieder etwa fünfzehnjährig – ein Teenager – und findet es „Klasse" so hier zu sitzen neben mir, ihrer Therapeutin-Mama und bei Pina gewesen zu sein.

Der Konflikt ist der: Wenn sie zugibt, mich zu mögen, entfernt sie sich von ihrer Mutter und wird dafür von ihr mit sexuellen Übergriffen bestraft.

Dieses alles findet nicht in der Realität statt. Sie hat ihre Mutter seit mehr als zwei Jahren nicht mehr gesehen.

Die Hanna, die glaubt, sie ist nur für Sex mit Mama zuständig (Sinn), muss diesen Glaubenssatz loslassen und gucken, was ihr Spaß macht und was sie will.

Und da ist die kleine Hanna, die sagt: „Du schreibst mir wieder so einen Erwachsenenscheißdreck … da wirfst du alles durcheinander, so ein Therapeutengelaber … so ein bla-bla."

Das ist doch meine Mama, und die ist wichtig, weil sie meine Mama ist.

„Und du, bist du meine Mama, meine Ersatzmama... auf immer und ewig?" fragt die Kleine.

„Du bist gar nicht mehr meine Mama, du bist so ernst," sagt sie.

„Bist du noch – manchmal und nur ein kleines bisschen – meine Mama? Manchmal brauche ich das noch, " sagt Hanna.

Deutlich werden unterschiedliche Anteile von Hanna, und dennoch ist sie eine ganzheitliche Persönlichkeit. Wie viele Persönlichkeitsanteile so wenig erwachsen sie auch sind teilen sie sich die Verantwortung für ihr Leben so wie es gegenwärtig ist. Aufgabe der Therapeutin ist es ein Gefühl innerer Verbundenheit der unterschiedlichen Anteile herzustellen und den Erwachsenenanteil da ersetzen wo es nötig ist.

9.2 Bindungsfähigkeit

Feinfühligkeit zwischen Erwachsenen und Kind

Wechselseitig beeinflussende Stimmigkeit, die sich in Feinfühligkeit zwischen Erwachsenen und Kind ausdrückt. Lässt Muster von Interaktionen entstehen, durch die der fürsorgliche Erwachsene die Zustände des Kindes beeinflussen kann. Solche emotionsregulierenden Interaktionen braucht das Baby für die Reifung eines emotionalen und sozialen Gedächtnisses.

Der Erwachsene muss die Signale des Kindes wahrnehmen, sie richtig interpretieren und angemessen darauf reagieren und zwar prompt.

Etwa 60 % der einjährigen Kinder weisen eine sichere Bindung auf. Entwicklung der Hirnregionen, die für emotionales und soziales Verhalten zuständig sind, ist optimal. *(Huber, a.a.O., S. 98f.)*

9.2.1 Bindung und Beziehung

Komplex traumatisierte Menschen sind ungebunden. Ihnen fehlt die Bindungserfahrung, die Erfahrung, dass eine Person bleibt, unabhängig von der Befindlichkeit und Lebenssituation des Kindes. Sie sind nicht imstande eine Beziehung einzugehen, weil ihnen die Bindungserfahrung fehlt. Hanna drückt das aus, indem sie sagt:

„Du hältst mich nicht aus, keiner hält mich aus. Ich werde verlassen, du verlässt mich. Ich muss so sein, wie der andere mich haben will, sonst werde ich verlassen."

Sie lebt mit der ständigen Angst allein gelassen zu werden.

Das Baby, dem eine erwachsene Beziehungsperson fehlt, bekommt keine Antwort einer Bezugsperson auf seine Signale. Es braucht jedoch eine Antwort für seine Entwicklung, etwas worauf es sich beziehen kann. Was passiert, wenn es frech ist, wenn es trotzt oder spuckt und schreit?

Da ist niemand, der oder die reagiert, es zurechtweist, sich freut oder entsetzt ist. Wenn ihm die Antwort fehlt, versucht es diese aus sich selbst zu schöpfen, indem es sich spaltet in eine Person, die signalisiert und eine die antwortet. Beides sind Kinder. Oder das Kind stirbt, wie R. Spitz in seinen Heimuntersuchungen aufzeigt.

Sie weiß nicht, dass sie überhaupt etwas in ihrem Leben verändern kann, dass sie Einfluss hat und wenn ja, wie sie etwas in ihrem Leben beeinflussen kann.

„Absoluter Stillstand, geht gar nix mehr, warum ist das jetzt so, habe ich etwas falsch gemacht? Sumpfe richtig ab."

„Ein neues Leben"

„Habe dich so lieb, aber das darf nicht sein, ist ja nicht normal, oder? Jetzt erzähl mir nix von Mutterübertragung."

„Brauchen nicht zu telefonieren, komm ja morgen, hältst du das aus?"

Sie fühlt sich aufgequollen, übersättigt, nichts macht mehr Spaß, alles macht keinen Sinn.

Ordnung hat immer mit Abschied zu tun. Das Haus ist viel zu voll. Der Kleiderschrank bricht auseinander. Alle ihre Sammlungen: Die Kiste mit den Hüten fürs Theater, die Kiste mit Barbies, die Kiste voll Theaterkleidung, die Staffeleien, die Musikinstrumente, auf denen keiner spielt, die Bücher etc.

So wie das Haus voll ist, ist auch sie voll von Vergangenheit und projiziert sie nach außen, auf die angekauften Dinge im Haus und auf die

Menschen in ihrer Umgebung, die ihr eine Fläche dafür bieten.

Immer wieder sucht sie ihren Wert im Außen. Sie projiziert und glaubt, wenn sie im Außen etwas ändert, ändert es sich innerlich für sie.

Sie glaubt, ihre Kleider bestimmen ihren Wert. Die Vielzahl ihrer Kleider. Sie hat fünfzig Hosen im Schrank, kein Platz zum Ausprobieren, sie probiert und probiert und hängt die Sachen in den überfüllten Kleiderschrank.

Sie sind allesamt nicht altersentsprechend, Teenie Kleidung eben. Ihre Aufgabe, den Schrank leer zu räumen, zu probieren und nur die Sachen hinein zu hängen, in denen sie sich wohl fühlt, die passen und gut aussehen. Eben eine Beziehung herstellen zu den Kleidern – eine selbsternannte Aufgabe.

Sie sagt: „Ich mache einen guten Job." Und nicht: „Ich bin ein guter Mensch. ..." „Ich bin" geht nicht.

Ihre schrecklichste Vorstellung: Sie wacht morgens auf und der Schrank ist leer.

Sie sagt, sie will sich umbringen. Nicht mehr so weiterleben.

Sie sieht sich als verletztes Kind und ist sicher, dass es an dem Kind liegt, weswegen die Mutter es nicht liebt und sich kümmert. Etwas ist mit ihm nicht in Ordnung.

Lieber glaubt sie, dass sie einen Knall hat, als dass Mutter nicht tut.

Das wirkt sich auf ihr ganzes Leben aus.

Das sind die Zeiten, in denen sie jedes Selbstvertrauen verliert, und es gibt Situationen, Menschen, die das in ihr auslösen. Denn es ist so abgespalten von ihrem alltäglichen erwachsenen Sein und Tun, dass man den Eindruck bekommt, sie sei im Teenageralter und jemand bedrohe sie. Sie sucht Zuflucht bei ihrer Mutter und wird von ihr abgewiesen. Sie, die Mutter, ist abwesend, entweder psychisch oder physisch. Sie sieht nicht ihr Kind in seiner Not.

Für Hanna werden zwei Themen deutlich: „Mein Leben ist bedroht und meine Mutter lässt mich allein." Zumindest fühlt sie sich von ihr verlassen. Die Ambivalenz: Sie wünscht ihre Nähe und sie weiß, dass Mutter sie verlässt.

Täterloyale Introjekte:

„Es hat keinen Zweck, du bringst es einfach nicht, gib dir keine Mühe, du bist eben ein Nichts."

Sie äußern sich entwertend und erodieren das Selbstwertgefühl der Klientin.

Die inneren Abbilder der Gewalttäterinnen sind oft „männlich", hart drauf, vertreten die Ideologie der Täter, sind deren Sprachrohr im Inneren und handeln entsprechend.

Meist nach innen. Manchmal auch nach außen.

Sie zeigen Misstrauen und Verachtung gegenüber ihrer Therapie und den Räumen der Beratungsstelle.

Sie führen zu emotionaler Verwirrung.

Sie ist emotional verwirrt – nach innen hört sie Mutters Stimme, die ihr sagt: „Du bist lebensuntauglich." Und erlebt sich selbst in dem dissoziierten Täterintrojekt, das ihr sagt: „Alles, was du tust ist überflüssig, du bist zu nichts imstande." Nach außen in ihrer Therapiearbeit hört und erlebt sie, dass sie verstanden wird. Die jüngeren Anteile fühlen sich in der Nähe der Therapeutin geborgen. Sie steht im ständigen Widerstreit: zerrissen und emotional hin- und hergerissen.

Sie schreit ins Telefon:

„Ich komme heute nicht zum Termin, hast du gehört, ich komme heute nicht und nie mehr, es ist doch alles sinnlos! Wozu, wozu, wozu?"

„Ich spüre sie auf meinem ganzen Körper und auf der Psyche die Stimme meiner Mutter, habe das Gefühl zu versacken."

Ich frage, wo bist du, ist Mama wieder da?

„Ja, ich komme nicht gegen sie an."

„Versuche dich abzuwenden, dich umzudrehen."

„Dann bin ich allein!"

„Es ist in Ordnung, dass du allein bist, mach dich bemerkbar, stampfe mit den Füßen, tanze, bewege dich."

„Meine Füße schmerzen, ich bewege sie. Sie sind unbeweglich und tun weh. Ich nehme meinen Fuß in die Hand. Die Füße leben wieder.

Die Gelenke sind wieder beweglich. Ich bin hell und freue mich."

Sie sagt: Ich schaffe das nicht. Jeden Morgen sagt sie: „Ich schaffe das nicht. Ich setze die Kanzlei in den Sand. Die Psychiater sagen, ich sei verantwortlich, wenn sich Mandanten umbringen, weil sie nicht Recht bekommen."

Sie zerstört ihre eigenen Sachen, bevor es jemand anderes tut. Ich erinnere mich an die ersten Jahre ihrer Traumaarbeit. Sie sagte damals: „Ich mache alles kaputt, alles geht den Bach runter."

Wenn Angst und Abwehr Raum bekommen, beginnt die Klientin Situationen aus der Vergangenheit zu erinnern, die dazu gehörigen Gefühle zu erleben und darüber Verbindung zu den Innenpersonen und den bis dahin unverbundenen Ereignissen herzustellen.

9.2.2 Der schuldfreie Raum

Jede Klientin fühlt sich schuldig, wenn sie in die Therapie geht, weil sie Probleme hat, denn hätte sie die nicht, müsste sie nicht therapeutische Hilfe in Anspruch nehmen. Eine Frau, die Viele ist, kommt mit einer Vielzahl dieser Schuld. Sie verliert Zeit. Weiß in Zeiten ihrer Amnesien oft nicht was passiert, mit wem sie sich getroffen hat, was ihr zugestoßen ist, was und ob sie gegessen hat usw., wo sie gewesen ist...

Sie, Hanna, war unterwegs, machte einen Malkurs, Malen in einer Heimvolkshochschule.

Per SMS nimmt sie Kontakt auf: „Wie kann ich das unterscheiden, was meins ist, was ich soll oder ob ich aus Prinzip nur gegen was mache?"

Nächste SMS: „Und was ist überhaupt meins, wer bin ich überhaupt? Alles verschwimmt, ist nicht greifbar. Spalte mich in der Auseinandersetzung immer mehr ab."

„Zerstöre jetzt alle Bilder und fahre nach Hause. Ich zerfalle. Falle auseinander.

Dann bringe ich mich jetzt um."

„Nein. Das wirst du nicht tun, was kann ich für dich tun?"

„Mich abholen und einäschern."

Anruf:

„Ich bin der letzte Dreck.

„Ich komme nicht mehr, nie.

Sie kommt zum Gespräch, wirkt reduziert, fatalistisch in dem, was sie sagt. Im Sinne von: „Geht alles nicht: Kann nur noch schlafen und arbeiten, habe alles zerstört" ihre Bilder. Sie sagt, sie sei ein Kriegsenkel und das sei alles, alles andere sei ausgedacht und gelogen.

Therapeutin: „Ich sehe etwas anderes: Du bist in einem Zustand, in dem du glaubst, du seist der letzte Dreck, das ist genau das, was die Täter dir mitgeteilt haben, wie sie dich behandelt haben. Das warst du schon oft und hast alles nach außen projiziert. Dass du das heute nicht musst, könntest du als Fortschritt werten. Das personifizierte Täterintrojekt, das bist du jetzt".

Der Anteil, der alles zerstört, sich selbst wie der „letzte Dreck" fühlt und sich selbst zu zerstören droht, die Zerstörerin im ganzen System! Sie ruft an. Ich verstehe sie nicht. Sie rennt vom Herd zur Waschmaschine.

Ihre Mutter teilte ihr mit: „Wir brauchen dich nicht. Therapeuten brauche ich nicht, habe ich nie gebraucht." Die Innenperson ist ca. 15-16jährig: Sie versteht: Du bist überflüssig, dich wollen wir nicht.

Und so setzt sie die Kettenreaktion fort. Ihr Mann sagt: „Hör doch auf damit, das will ich jetzt nicht."

Die Erwachsene versteht nicht, worum es ihr geht. Sie rennt um ihr Leben. „Dich gibt es gar nicht", ist der Satz, der sie bedroht.

Die Erwachsene kommt zum Gespräch am nächsten Tag. Sie hat verstanden. Und sie begreift nicht. Sieht sich das Geschehen noch einmal an, ohne Gefühl, ganz kognitiv und kommt zu dem Ergebnis, ihrer Mutter einen Brief zu schreiben.

Sie hat diesen Brief nie geschrieben: „Es ist sinnlos", sagt sie. „Ich könnte viele Briefe schreiben. Nichts würde sich ereignen. Warum soll ich meine alte Mutter mit etwas belasten, was sie nicht begreifen würde."

9.2.3 Ohnmacht – Hilflosigkeit – Suizid

Ohnmacht, Hilflosigkeit und Suizid herrschen und beherrschen sie. Der Glaube an die Zukunft geht verloren. Alles erscheint sinnlos, weil es keine Veränderung gibt, weil du nichts bewirken kannst, weil nichts zu gelingen scheint. „Ich habe keine Zukunft" sagt sie und schreit es in die Welt.

Sie ist die verzweifelte Sechzehnjährige, die mit dem Erlebten nicht in ihr Leben und in die nächste Altersstufe gehen kann. Sie erlebt die Gegenwart wie die Vergangenheit bei ihren Eltern.

Ich: „Du bist verzweifelt, weil du dir ganz schnell und ganz radikal Veränderung wünschst. Die kleinen Veränderungen sind für dich kaum spürbar, so erscheint dir alles aussichtslos. Und du glaubst, du kannst nichts bewirken, weil du nicht glaubst, dass es dir gelingt".

„Fortwährend gestaltest du deine Zukunft. All dein Tun ist darauf ausgerichtet. Die Ergebnisse sind sichtbar" sage ich.

„Alles Lüge", sagt sie und schreit und schreit immer noch ihre traumatischen Schreie in die Welt.

„Das ist nicht das Leben, was du mir da erzählst, das Leben sieht anders aus," sagt sie.

Keine Kontinuität. Was du dir heute erarbeitest oder aufbaust, ist morgen wieder zerstört.

Sie muss lernen Vergangenheit und Gegenwart zu unterscheiden.

Ich: „Und begreifen, dass alles, was du anfängst auch ein Ende hat."

Heute ist niemand da, der zerstört. Heute ist sie es selbst.

Ihre Bilder: Sie malt ein Bild. Sie malt viele Bilder. Sie hat eine Staffelei, kauft sich Rahmen, alles was sie braucht. Sie ist verzweifelt, verliert die Zuversicht, gerät in Panik. „Ich habe alles zerstört."

Das ist das, was sie kennt, sie wurde nicht wertgeschätzt und heute kann sie sich nicht wertschätzen, weil sie es nicht gelernt hat. Ihr Selbstwert wurde zerstört und ihre Sachen wurden zerstört.

„Mein Leben gibt es nicht".

„Mein Leben gehört xy."

„Mein Leben ist nichts wert, ich bin der letzte Dreck.

Ich möchte ein neues Leben.

Das ist nicht mein Leben, mein Leben habe ich mir anders vorgestellt".

Ich: „Wie?"

Hanna: „Wie geht das Leben?"

Ich: „Du wirst lernen dein Leben anzunehmen, Verantwortung für dich zu übernehmen, die alten Schmerzen zu erkennen, sie abzutrauern und ‚Ja' zu dir und zu deinem Leben zu sagen.

9.2.4 Stationen der Verwirrung

Das Verwirrte Kind

Hanna, wo steht sie mit ihren abgespalteten Anteilen?

„Du hast mich im Stich gelassen"

„Darf ich bei dir schlafen?"

„Machst du Sex mit mir?"

„Darf ich mitkommen und bei dir bleiben auf immer und ewig?"

„Ich schmeiß hier alles hin, zerstöre alles".

Immer wieder stellt sie die Frage: „Darf ich bei dir einziehen?" Sie kommt mir körperlich ganz nah, wenn sie mich fragt: „Machst du Sex mit mir? Soll ich mich ausziehen?"

Ich sage nein, das mag ich nicht." Sie sagt:" Du magst mich nicht, du bist wie alle anderen du magst mich nicht leiden."

Ich versuche ihr den Unterschied klar zu machen: Ich mag dich und ich will keinen Sex mit dir machen. Sie fühlt sich abgelehnt. Ist gekränkt.

Ich gebe keine klaren Antworten, halte mich bedeckt. Ich weiß, ich sollte klar ja und nein sagen. Ich sollte sagen: „Du gehörst in deine Familie. Dein Mann und deine Kinder sind für dich da." Ich halte ihre Kränkung nicht aus. Ich bin auch unsicher. Ich mag ihr das nicht zumuten.

Im Laufe ihrer Therapie gibt sie sich selbst Antworten. Sie sagt: „Du hast dein Leben, ich habe mein Leben. Du hast deine Wohnung. Ich habe meine Wohnung." Ich bin erleichtert. Im Laufe der Arbeit mit ihr mache ich die Erfahrung: Je mehr Entlastung sie erfährt, umso mehr gestaltet sie ihr Leben. Vieles ergibt sich im Laufe ihres Wachsens.

Es stellt sich die Frage, welche Funktion bzw. welche Bedeutung die „Kinder" haben.

Sie erscheinen nicht mehr so häufig, meist dann, wenn Hanna ihre Bedürftigkeit vernachlässigt, oder in Stresszeiten. Sie haben eine Ventilfunktion. Oder ist es der Wunsch der Therapeutin? Eine Erklärung zu haben, einen Erfolg in der Arbeit zu sehen? Es nicht aushalten zu können, dass sich alles wiederholt?

Ihre Aufgabe: Das „ICH" entlasten von belastenden Gefühlen, Situationen aus der Kindheit, die sich so zeigen als wären sie gegenwärtig. D.h. die Klientin ist dieses zweijährige Kind, das wegrennt, sich versteckt, lügt und schreit. Wegrennt aus einer Situation, oder von einem Menschen, der ihm etwas antut. Es scheint, als fühle sich das Kind total allein und im Stich gelassen. Da ist keine Mutter, zu der es flüchten kann. Oder wie sieht das aus, wenn ich mir die Situation in der Gegenwart anschaue: Sie probiert aus, wozu ist meine Ersatzmama bereit? Wozu bin ich bereit? Folge ich ihr, wenn sie wegrennt, oder lasse ich sie hängen, kümmere ich mich nicht um sie? Sie macht ein Spielchen: rennt weg, bleibt stehen, lacht, freut sich, wartet bis ich vor ihr stehe, dreht sich um, rennt wieder los.

Oder eine existentielle Situation: Sie kämpft, beißt, schlägt um sich. Und irgendwo ist ein Täter oder eine Täterin? Oder beides – eine Täterin vielleicht ihre Mutter? Oder Täter?

Sie, die Klientin, hat Bilder von sexuellen Übergriffen: mehrere Personen sind Täter, sie ist das Opfer. Und sie hat immer wieder Bilder, auf denen ihre Therapeutin Sex mit ihr macht. Sie ist die Unterlegene – das Opfer.

Sie fährt zur Uni. Auf der Straße sieht sie Leo, ihren Sohn. Sie nimmt an, er schwänzt die Schule. Sie ist schuld, hat versagt, ist keine gute Mutter- schlägt ihren Kopf an die Wand, kontrolliert Leo: „Der Junge ruiniert uns". Sie fühlt sich in ihrer Sicherheit bedroht. So vermischt sie Gegenwart und Vergangenheit, stellt die Bedrohung immer wieder her, gerät in Panik und schreit. Sie läuft weg ohne zu wissen wohin.

Dieses alles sieht aus, als seien es Reste der traumatischen Situation.

(Peichl Jochen, Innere Kinder, Täter, Helfer und Co. Ego-State-Therapie des traumatischen Selbst. Stuttgart 2007, S. 73f.)

Eine andere Situation:

Sie kämpft mit mir, schlägt um sich, setzt sich auf die Fensterbank: „Wenn du nicht tust, was ich will, springe ich und schreie ganz laut." Das Bemühen sich zu wehren gegen einen unsichtbaren Angreifer.

Sie projiziert: In Leo sieht sie den Täter, welchen Täter? Ich frage sie das. Sie weiß es nicht. „Er sieht meinem Onkel ähnlich, dem Onkel, vor dem ich solche Angst habe," sagt sie später als ich sie frage. „Er ist dein Sohn, nicht dein Onkel, du bist seine Mutter, du lebst hier in B-Stadt. Und alles andere ist Vergangenheit".

Sie kämpft mit Leo, prügelt sich mit ihm, immer wieder Leo. Sie schreit, ruft um Hilfe; Polizei, Jugendamt. Sie ist so verwirrt, dissoziiert: Keine Hilfe von außen. Andreas (ihr Mann) hilft: „Hanna ist mein Schatz". In der Verzweiflung schreit sie, sie bekommt keine Unterstützung: „Ich gehe jetzt als Nutte", und glaubt dadurch die Situation in den Griff zu bekommen. Sie ist aufgekratzt, bietet sich mir an, will, dass ich das Gleiche tue wie ihre Mutter: „Dann komme ich bei mir an, spüre mich". Sagt sie.

Sie braucht Grenzerfahrungen. Was will ich, was will der andere? Wie weit kann ich auf den anderen zugehen oder stoße ich meinen Kopf in seinen Bauch und komme ihm viel zu nah?

9.3 Versuche einer Heilung

Sie dissoziiert fortwährend, schlägt ihren Kopf an die Wand. Ich lege ein Kissen zwischen Kopf und Wand. Sie ist ein Kind – etwa sechsjährig. Ich halte sie, nehme sie in den Arm und erreiche so, dass sie sich hinsetzt. „Ich erzähle dir eine Geschichte, kannst zu zuhören?" „Es war einmal ein kleines Mädchen, das war so oft traurig und geknickt. Eines Tages sitzt es in seinem Kinderzimmer und denkt, warum immer traurig sein und sich allein fühlen? Es steht auf und sagt sich, jetzt geh ich los. Und dann geht es los und stromert ganz allein im Wald umher. Es ist ganz mutig, rennt durch Pfützen, und beginnt vor sich hin zu pfeifen."

Oder eine andere Situation: „Ich beginne zu summen, irgendein Lied, meistens singe oder summe ich „Blue moon". Am besten gefällt ihr die Stelle, die heißt: „and turned to gold" dann sagt sie: „Mach du, dass alles Gold wird".

Geschichten, die ich dem Kind Hanna erzähle:

Wenn du mein Kind gewesen wärst, hätte ich ganz viel mit dir gespielt und dich beschützt. Wenn du mein Kind gewesen wärst, hätte ich dir gesagt, dass du ein schönes Mädchen bist.

Das Mädchen ist ein rundes, strahlendes Baby.
Das Mädchen kann gut rechnen und lesen kann es auch schon.
Das Mädchen ist so geschickt, es backt gern Kuchen und Waffeln.
Das junge Mädchen mag besonders Mathematik und Statistik in der Schule.
Hanna sagt oder schreit: „Das ist alles für'n Arsch, du bist nicht meine Mama".

Meistens wird sie ruhig, hört zu und lächelt. Häufig sagt sie: „Erzähl mir eine Geschichte von dem Mädchen."

Sie fühlt sich allein, nimmt sich nicht ernst und fühlt sich nicht ernst genommen, hat keinen Raum, will eine Antwort von mir und erreicht mich nicht! Gerät in Panik, macht Telefonterror. Sie sagt: „Du stellst dein Telefon ab, weil ich für dich der letzte Dreck bin". Sie meint, wenn ich sie schon so behandle, dann ist sie es auch und setzt noch einmal eins drauf, schlägt sich auf den Kopf und sagt: „So viel bin ich wert!" Will sich nicht mehr, will sich vor den Zug schmeißen.

„Was kann ich gegen zu viel essen machen und die Kinder sind ziemlich einsam."

Ich antworte, sie soll Kontakt aufnehmen zu den Kindern.

Antwort: „Ja, das kriege ich irgendwie nicht hin."

Ich sage, ich verstehe, du kannst das in der nächsten Therapiestunde lernen.

SMS: „Kannst du dich nicht kümmern?"

10. Die Spaltung

Durch Spaltungen wird die Angst vor Verwirrung abgewehrt.

Hanna ist schon seit vier Tagen extrem misstrauisch und isoliert sich von allen.

Im Rahmen ihrer Bemühungen um eine eigene Praxis erlebt sie Konkurrenz und Misstrauen von Kollegen.

Ich versuche sie zu erreichen. Die Antwort: „Du hast mich auch verraten." Obwohl sie mich morgens anrief. Die Suizidgedanken sind wieder extrem.

Während eines längeren Telefonats antwortet sie auf die Frage, was sie am liebsten möchte, sie wolle an gar nichts denken, nur zu Hause sitzen und Kleidchen nähen, die bestimmt nicht für eine 50jährige Frau bestimmt seien. Ihr Humor kommt zum Vorschein. „Ich habe mir im Internet Stoff aus Hongkong bestellt." Dabei lacht sie und sagt: „So weit sind wir schon gekommen." Sie erinnert sich: „Damals, als ich mit der Therapie begann, hat doch kein Psychiater oder/und Psychotherapeut geglaubt, dass ich jemals so weit komme, und ich habe mich entschieden. Ich stand zwischen Psychiatrie und gesundwerden und arbeiten und habe mich damals für Heilung entschieden."

Kleidchen nähen steht für Annahme der kindlichen Anteile. Es ist ihr Boden und der ist losgelöst von mir, der Therapeutin.

Sie fühlt sich in ihrer Existenz bedroht. Die Angst nichts bewirken zu können, treibt sie an.

Der dreht sich im Teufelskreis aus Intrusion (Wiedererleben) und Konstriktion (Vermeidung und Betäubung).

Um nicht immer wieder neu getriggert zu werden, neigen Menschen mit DIS zum Rückzug von der Außenwelt, Kontakte werden reduziert, angstbesetzte Situationen werden gemieden! Dies führt zur Abschottung und Einengung, nicht selten auch zur emotionalen Abstumpfung. Wenn die resultierende Isolation unerträglich wird, werden wieder Reize gesucht, die von starker Qualität sein müssen, um erneut ein Gefühl von Lebendigkeit zu erzeugen. Starke Reize sind aber wiederum Trigger, so dass sich ein unheilvoller Kreislauf aus Rückzug und Stimulation ergibt. Frauen mit einer DIS erleben jeden Tag neu, es gibt kein Kontinuum. Sie können auf nichts aufbauen. *(Luise Reddemann, Imaginationen als heilsame Kraft. Zur Behandlung von Traumafolgen mit ressourceorientierten Verfahren. Stuttgart 2001, 2. Auflage, S. 103f.)*

Überzeugungen aus der Erfahrung: Hanna erzählt: Sie versuche sich aufzuwerten, indem sie andere entwerte – immer wieder.

Sie hat zahlreiche Strategien, ihre Gefühle der Wertlosigkeit zu kompensieren, keine führt zum gewünschten Erfolg.

Z.B. versucht sie sich aufzuwerten, indem sie immer wieder Kleidungsstücke anprobiert und betont wie geschickt sie für sich das Richtige gefunden hat.

Ruft eine Nachbarin an, der sie das Skateboard ihres Sohnes geliehen hat. Während des Anrufs sagt ihre Nachbarin unwillig und ärgerlich, sie solle sich nicht so aufführen, sie bekäme das Teil schon zurück. Sie wird lauter als angemessen ist. Hanna versteht: „Was du willst, zählt sowieso nicht, du bist mir egal."

Randnotiz: Für sie ein Täterintrojekt. Sie fühlt sich hilflos ausgeliefert. Bilder vom sexuellen Missbrauch tauchen auf. Sie lenkt sich ab, wählt meine Nummer. 75 Minuten lang – immer wieder.

Dialog-Beispiele

Abends: Kommt Hanna zum Gespräch, deutlich aggressiv.

16jähriges Mädchen: „Du machst Urlaub, sag das doch gleich, dann geh ich sofort, sag nur zu, wenn ich gehen soll." (feindlich, misstrauisch, aggressiv). „Du bist unzuverlässig, andauernd hast du Urlaub, verschiebst die Termine, du machst was du willst."

Therapeut: „Das stimmt doch nicht, Hanna, ich bin meistens da für dich und du weißt das auch. Kann es sein, dass du deine Mama meinst und mich nicht von ihr unterscheiden kannst? Ich bin Deine Therapeutin, nicht deine Mama."

Hanna macht weitere Vorwürfe, wird allerdings langsamer.

Therapeut: „Was machst du, Hanna, und was willst du wirklich?"

Hanna erneut, allerdings schwächer „Ich gehe jetzt nach Hause."

Therapeut kommt näher, fasst ihr an den Arm, dann an die Schulter.

Hanna wird still, sieht bekümmert aus.

Therapeut: „Und was will du jetzt wirklich?"

Hanna : „Mich mag keiner, alle wollen mich nicht haben."

Therapeut: „Wie kommst du darauf?"

Hanna: „Ist so."

Therapeut: „Wie machst du das, dass keiner mit dir zu tun haben will?"

Hanna: Ich sage mir: Ich brauche keinen, ich scheiß auf euch."

Therapeut: „Und damit machst du dir alle zu deinen Feinden. Jetzt erinnere dich, wo bist du in deiner Vergangenheit mit dieser Haltung?"

Hanna: „Weiß ich nicht, sag du."

Therapeut: „Na, das glaube ich nicht, dass du das nicht weißt."

Hanna: „Hööh, bei Mama und Papa, weißt du doch."

Therapeut: „Und was war da?"

Hanna: „Die haben mich einfach ignoriert mit meinem Kram und getan als wäre alles in Ordnung."

Switch: ein kleines Mädchen kommt, fragt: „Bist du noch meine Mama? Meine Ersatzmama, damit ich groß werden kann?" (zweifelnd)

Therapeut: „Ja, hast du das vergessen?"

Hanna: „Ja, darf ich zu dir kommen?"

Therapeut: „Ja".

Hanna: lehnt sich an bei mir.

Switch: Die Erwachsene kommt, kratzt sich am Bein.

„Ich hasse mich dafür, dass ich so viel lästere, über andere herziehe. Heute Nachmittag habe ich mit S. telefoniert und eine Stunde über Hanna hergezogen. Ich hasse mich dafür."

Therapeut: „Du willst das nicht?"

Hanna: „Nein."

Therapeut: „Und was willst du damit erreichen?"

Hanna: „Mich aufwerten, fühle mich wie der letzte Dreck."

Therapeut: „Und das klappt nicht."

Hanna „Nein." (kratzt weiter an ihrem Bein)

Therapeut: „Du kratzt dich, was ist los mit deiner Haut?"

Hanna: „Die juckt an den Beinen, am Bauch, an der Brust. Ich könnte alles aufkratzen."

Therapeut: „Identifiziere dich mit deiner Haut, sei deine Haut."

Hanna: „Ich hasse diese Haut."

Therapeut: „Wofür hassest du deine Haut?"

Hanna: sackt immer mehr zusammen, wird müde

Therapeut: „Was macht dich so müde, was wehrst du ab?"

Hanna: gibt keine Antwort

Pause

Hanna, die Erwachsene, kratzt sich weiter: „Ich hasse diese Haut dafür, dass sie so bedürftig ist."

Switch: 12jähriges Mädchen (verschämt): „Darf man nicht sein."

Therapeut fragt nach, was sie meint, gibt Erklärung über Bedürftigkeit.

Therapeut: „Damals hast du deine Bedürftigkeit nicht mehr gespürt, stimmt das?"

Hanna: „Ja."

Therapeut: „Und heute kriegst du sie wieder mit."

Hanna: „Die soll nicht da sein. Nur deswegen ist das alles passiert."

Therapeut: „Du tust ja, als sei deine Bedürftigkeit bzw. deine Haut schuld an dem, was passiert ist."

Hanna: „Ist sie auch."

Therapeut fragt: „Was macht denn der Leo, wenn er so bedürftig ist?"

Hanna: „Der krabbelt zu mir ins Bett, sagt ihm sei so kalt."

Therapeut: „Der krabbelt zu dir ins Bett und du früher, bist du auch zu deiner Mama ins Bett gekrabbelt?"

Hanna: „Nein."

Therapeut: „Das stimmt nicht. Deine Haut ist nicht schuld an dem was dir angetan wurde. Wer ist schuld? Wer ist wirklich schuld, wer hat dir das angetan?"

Hanna: „Die alle."

Es kehrt Ruhe ein, alle sind dabei.

Hanna am nächsten Tag.

Sie kommt, bringt Kuchen mit.

Erzählt vom Alltag, will viele Dinge tun und möchte Prioritäten setzen – alles steht nebeneinander, erscheint gleich wichtig.

Im Therapieraum:

Sie holt sich einen Zeichenblock, malt in die Mitte ein Herz mit einem ‚ich' darin, schaut mich fragend an. Ich sage: „Du hast ein Herz für dich und Mama sagt „du nervst". (war aus ihrer Art, den Alltag zu schildern deutlich geworden).

Sie wird sauer, frustriert, zerreißt das Blatt in viele Schnipsel.

Fasst sich dann wieder, legt das Herz in die Mitte, schreibt auf die Schnipsel alle Themen, die sie tun will, legt sie um das Herz.

Ich (Therapeut): „Vielleicht sagst du jetzt, was du gemacht hast."

„Gar nichts."

(erste Stunde ist vorbei. „Ich sage, wir machen jetzt eine Pause, du kannst dir das gleich weiter anschauen.")

Ich komme zurück. Hanna hat alles zerrissen, ist frustriert, sauer, beschimpft mich, dass sie immer tun muss, was ich will, sobald sie selbst entscheide, zöge ich mich zurück. Sie steht auf, nimmt ihren Rucksack, will gehen.

Ich spreche sie als Erwachsene an, stelle ihr zur Verfügung, was ich sehe. Sie setzt sich wieder – überlegt einen kurzen Moment, dann kommt die Jugendliche zum Vorschein, schimpft erneut, wirkt starr, irritationsfrei von außen betrachtet, innerlich auf Hochtouren.

Ich kenne diese Situation mit ihr, sie ist in einem alten Erleben mit ihrer Mutter. Ich weiß, dass sie bei körperlicher Berührung hier wieder ankommt.

Ich lege meine Hand auf ihr Knie. Zum Vorschein kommt die Erwachsene, sie sagt: „Das ist doch alles Kikifax, ich bin 42 Jahre und könnte das alles super regeln und noch viele Dinge nebenher tun, wenn nicht ... "

Ich frage: „Wenn nicht, wie geht der Satz denn weiter?"

Hanna: „Wenn ich mich jetzt darauf einlasse, breche ich vollends auseinander, das will ich nicht riskieren."

Die Jugendliche kommt wieder zum Vorschein, ist frech, macht mich an, sagt: „Ich bleibe nur noch hier, wenn es Sex gibt."

Ich sage ihr meine Meinung dazu und frage sie, was sie sich davon verspricht. „Schmerzen, Sex schmerzt immer und Schmerzen bringen mich dahin, wieder präsent zu sein."

„Und du glaubst, Präsenz kannst du nur auf Kosten von Sex mit Schmerzen erreichen?"

„Ja," sagt sie „das war immer so."

„Das kann sein. Ich höre, du möchtest präsent sein. Und glaubst, du kannst das nur über ungewollten Sex herstellen.

„Ja, das stimmt."

Therapeut: „Das stimmt nicht. Sex macht Spaß und tut nicht weh. Für wen machst du Sex mit? Immer für die andern?"

Klientin: Verschwindet, wirkt somnolent, weit weg.

Ich bleibe dabei: „Wo bist du, was ist da los?"

„Die Mama sagt, ich brauche ein Zäpfchen. Das Zäpfchen nimmt kein Ende."

Klientin: Windet sich vor Schmerz, kommt nach ca. 15 Min. wieder in die Gegenwart zurück, weint, eine Jüngere sagt: „Du willst immer nur, dass ich mir die alten Sachen angucke und stärkst mich nicht in meinem gegenwärtigen Alltag."

Sie klagt über Kopfschmerzen.

Ich halte ihren Kopf und sage: „Da ist auch noch was in Unordnung in deinem Kopf. Guck doch mal, was davon zu deiner Mama gehört und was zu mir."

Klientin sortiert: „Meine Mama wollte von mir nichts hören, nur Sex mit mir machen. Hier erlebe ich das mit dir so ähnlich."

Ich: „Weil die alte Situation mit deiner Mama noch nicht geklärt ist."

Klientin sagt ja, kommt zurück.

Therapeut: „Was brauchst du jetzt?"

Klientin: „Ich möchte mich anlehnen bei dir."

Jetzt ist Ruhe – innere Ruhe. Alle sind da.

Klientin sagt zwischendrin, sie habe keine positiven Bilder zu bzw. von ihrer Kindheit, sie habe sich alles gefallen lassen.

Dabei kämpft sie wie ein Berserker. Ich frage mich: Tut sie das jetzt nur, oder hat sie nicht schon als Kind gekämpft? Und sich nicht gefühlt?

10.1 Das Versprechen

10.1.1 Der Weg zum „Ja"

Hanna: „Eine ganze Nacht habe ich mit mir gerungen. Wie soll mein Weg weitergehen? Will ich mich in dem ‚Opferstatus' belassen? Viel Zeit in psychosomatischen Kliniken verbringen? Meine Beschädigungen pflegen? Oder will ich die Auseinandersetzung? Die Auseinandersetzung mit den Tätern und mit meinen Beschädigungen, mit der Möglichkeit einer Heilung und der Teilnahme am gesellschaftlichen Leben. Ich bin zu der Entscheidung gelangt: Ich will alles, wie ich als Kind schon entschieden habe. Es ging und geht mir gut mit dieser Entscheidung, obwohl ich manchmal aufgeregt und ängstlich werde.

„Ich frage dich," sagt sie mir zugewandt: „Willst du mich weiterhin begleiten?"

„Ja", sage ich.

In diesem Zeitraum – 2006/2007 – hat sie ihr Staatsexamen bestanden und beginnt in einer Anwaltskanzlei zu arbeiten.

In ihrer Freizeit beginnt sie in einer theatertherapeutischen Arbeitsgruppe mitzuarbeiten. Sie ist völlig begeistert davon, weil sie glaubt, ihre kreativen Anteile dort besonders gut leben lassen zu können. Sie stellt sich vor und fragt nach den Möglichkeiten frauentherapeutischer Arbeit. Sie fragt, wie aufgeschlossen die Gruppenmitglieder sind ihren eigenen traumatischen Erlebnissen gegenüber. Man sichert ihr Offenheit zu, und sie startet.

Als Anwältin glaubt sie, sich besonders für Jugendliche und junge Erwachsene einsetzen zu können. Von der Rechtsprechung verspricht sie sich einen Ausgleich zu der Willkür in Familien und im gesamten sozialen und Erziehungsbereich.

Von der theatertherapeutischen Gruppenarbeit war Hanna sehr schnell enttäuscht. Sie war mit der Erwartung dorthin gekommen, dass traumatische Inhalte erkannt und respektiert werden könnten. Sie fühlte sich jedoch sehr bald bloßgestellt und von den Teilnehmern gemobbt.

Sie wollte sich auf nichts Neues mehr einlassen und entschied sich weiterhin für ihre gestalttherapeutische Therapie.

Die gestalttherapeutische Therapie stellt die therapeutische Beziehung in den Mittelpunkt. Die GestaltTherapie betont die Bedeutung der therapeutischen Beziehung. Und fordert die bewusste Gestaltung und Reflexion der Beziehung auf einer versuchsweise gleichberechtigten Ebene. *(Vgl. Imke Deistler und Angelika Vogler, a.a. O, S. 162f)*

Dies ist allerdings nur bedingt möglich wegen des Machtgefälles und der Definitionsmacht des Therapeuten. Gleichberechtigung ist über das Verstehen herstellbar.

Mein erweiterter Rahmen: Aufgrund meiner Tätigkeit in einer Frauenberatungsstelle bin ich nicht an ein eng begrenztes Stundenbudget gebunden. Ich arbeite in einem Team und mir ist es wichtig, meine Teamkollegen – soweit dies möglich ist – in (kollegialer) und externer Team-Supervision mit einzubeziehen. Ich habe ein Konzept erarbeitet, in dem der laufende Kontakt der Klientin zu mir möglich ist.

Um diese Beziehung nicht willkürlich werden zu lassen, ist es wichtig der Klientin gegenüber eine Haltung zu haben, die von Respekt getragen ist.

Respekt heißt: Ich bin mir meiner Fähigkeiten bewusst und ich respektiere die Klientin mit ihrer Fähigkeit, ihr Leben zu meistern trotz oder wegen aller Ohnmachtserlebnisse und gerade wegen ihrer Gewalterfahrungen. Sie hat nicht einfach aufgegeben, sondern eine Überlebensstrategie gefunden.

Gestaltarbeit heißt: Arbeiten in der Gegenwart. Der in der Vergangenheit entstandene Konflikt zeigt sich in der Gegenwart in der therapeutischen Arbeit. Das Vergangene wird somit gegenwärtig und macht es möglich, die unvollendeten Gestalten zu schließen.

Die verinnerlichten Konflikte der Klientin werden deutlich in der Therapie z. B. in Form der Übertragung bzw. Projektion auf die Therapeutin.

Für einen gelingenden therapeutischen Prozess ist es notwendig, die Übertragungsprozesse, in denen der Therapeutin die Täter- oder Opferrolle zugewiesen wird, als Projektionen und somit als Ausdruck der in der Ursprungssituation entstandenen Introjekte zu begreifen und so mit der Übertragung umzugehen, sie aufzulösen oder mit ihr zu arbeiten, solange sie nicht auflösbar ist. *(Vgl. Imke Deistler und Angelika Vogler, a.a. O, S. 192).*

11. Monique

Therapeut: „Ihr seid multipel. D.h. ihr habt euch in viele Personen gespalten."

Einige Tage später: Ausgerechnet Murksie kommt zum Vorschein: Sie nimmt Streichhölzer. Zündet eine Vielzahl an und sagt: „Das sind wir."

Danach lässt sie die Flammen der brennenden Streichhölzer zusammen zu einer Flamme gehen: „Und deswegen kommen wir zur Therapie."

„Ja, und das ist noch ein weiter Weg."

„Wir müssen all diese Dramen noch einmal durchleben?"

„Ja, und dann einen neuen Weg finden für alle oder für eine – oder für einige – ihr entscheidet das. Bis jetzt kann keine von euch das alles tragen". Murksie war die erste, die mich nach vier Jahren mit Namen ansprach, vorher war ich immer „die Frau" für alle. Sie ist die „Verkorkste", gerade deswegen hat sie die Freiheit zu denken, denn wenn sie schon ‚verkorkst' ist, kann sie machen, was sie will, sie ist ungebunden, sagt sie.

„Das größte Trauma ist die Geburt," sagt Murksie beide müssen wollen: Die Mutter muss das Kind gebären wollen, d.h. sie will es, und das Kind will auf die Welt kommen."

11.1 Interne Kommunikation

Interne Kommunikation meint zu sich selbst zu sprechen. Menschen, die sich selbst in einem bestimmten Grad als verschiedene Persönlichkeiten erleben und die Stimmen in ihrem Kopf hören, sollten diese Anteile kennenlernen und die Stimmen verstehen lernen.

Die inneren Anteile/ Fragmente/ Alters- / Ich-Zustände kommen – wie in jeder Familie – nicht immer oder überhaupt nicht miteinander klar. Deshalb kann es ein großes Ziel sein, zusammen zu arbeiten, sich zu verstehen und nicht gegeneinander zu kämpfen.

– Ihr könnt euch nicht gegenseitig töten!
– Ihr werdet auch nicht immer miteinander klarkommen, es ist lebenswichtig für euch, euch in eurem Anderssein oder in eurer Un-

terschiedlichkeit zu akzeptieren – Kompromisse zu finden.

- Oft leugnet ihr, dass ihr überhaupt Anteile habt, doch je m e h r Energie ihr darauf verwendet, umso schlechter werdet ihr euch danach fühlen.
- Behandelt eure inneren Anteile mit Respekt. Wenn ihr garstig seid oder ihre Bedürfnisse verleugnet, werden sie euch wahrscheinlich Dinge antun, die ihr nicht wollt.

Monique war in einem desolaten Zustand. Sie war im Laufe des Tages nur kurze Zeit oder auch gar nicht präsent.

Wir überlegten gemeinsam: Wo ist die Freude, die Lebendigkeit, die Sehnsucht, und was ist mit der Frage: „Wie können wir weitergehen?"

Das ganze System ist eher depressiv und wird von Schreckzuständen gesteuert.

„Wir möchten gern ganz was anderes tun. Z.B. ans Meer fahren. Wir haben noch nie die Stadt verlassen, wir waren noch nie am Meer und am Strand. Zeig uns das Meer. Zeig uns die Insel."

11.1.1 Ja, wir fahren ans Meer!

„Ja, okay"

Und schon war das Unternehmen beschlossen. Wir finden einen Termin und klären die Frage, wie alles finanziert werden kann. Alle sind aufgeregt, ich auch.

„Wir haben noch niemals B-Stadt verlassen. Und wir kennen nur Krefeld außer B-Stadt."

„Wir können uns benehmen, brauchst keine Angst zu haben, blamierst dich nicht."

„Schon okay, ich glaube Dir", sage ich jetzt, weil eine Person von Monique dies gesagt hatte, die besonders auf Ordnung und Regelmäßigkeit Wert legte. Sie sprach nicht für das ganze System, dann hätte ich „ihr" gesagt.

Im Zug kommen zunächst viele Fragen zur Insel. Dann holt Francis den Kniffelbecher mit den Würfeln aus der Tasche. Jetzt wird gekniffelt.

Der Zug hält in Norddeich Mole. Alle steigen aus. Wir sind ungefähr 60 Personen und doch nur drei Frauen. Die Therapeutin, und Monique mit 35 Innenpersonen und Francis mit 24 Innenpersonen.

„Die Mädchen haben ziemlich viel Schiss, die schaffen das nicht auf die Fähre zu gehen", sagt Jo.

„Und du selber erst mal, du hast selber Angst und schiebst den Mädchen dies zu, so einfach, weil sie Mädchen sind," sagt Kayla.

„Wir brauchen einen „Fernet Branca."

Monique klammert sich an Francis und Francis hält wie immer den Arm schützend um sie. Ich gehe hinter den beiden.

Seit 6 Jahren sind Monique und Francis bei mir in der Beratungsstelle in Therapie. Kinder, Männer und Frauen sind aufgetaucht. Alle mit unterschiedlicher Kleidung und unterschiedlichem Aussehen. Die meiste Zeit verging bis jetzt mit dem Kennenlernen. Begriffen haben alle, dass sie so sein dürfen wie sie sind und dass sie alles, was sie einer anderen Persönlichkeit antun, auch sich selbst antun.

Nach dem Frühstück treffen wir uns in der oberen Etage. Wir haben einen Raum ausgesucht, den wir zu unserem Arbeitsraum gemacht haben.

Ich arbeite mit ihnen den ganzen Vormittag an allem, was sich aus der Vergangenheit in der Gegenwart auftut.

In der Zwischenzeit hatte der Wind den Regen weggefegt und wir gingen an den Strand.

„Ich bin eine von der Straße", schrie Francis, breitete ihre Arme aus und lief.

Monique stand und staunte, sie hatte noch nie einen Strand und das Meer gesehen.

„Der Strand ist 17 km lang, wir können gehen und gehen dem Wind entgegen oder mit Wind im Rücken?"

Wir entscheiden uns, uns vom Wind treiben zu lassen.

Für Monique besorgen wir einen Bollerwagen, sie hat Schwierigkeiten, so lange zu laufen. Der Flughafen soll das Ziel sein.

Unterwegs wird es heller, der Wind hat den Strand trocken gefegt und wirbelt den Sand bis zu 50 cm hoch auf.

Francis schreit: „Ich sehe Geister am Strand."

„Wir haben das auch mal überlegt, ob wir Drogen nehmen sollen. Und dann haben wir uns in der Drogenszene umgesehen und gesehen, das würde uns zusätzlich schwächen und das wollten wir nicht. Alle waren dagegen", sagt Murksie.

„Komm, Joana will ins Meer gehen, sich ertränken."

Joana war schon die ganze Zeit ziemlich niedergeschlagen. Wir gehen zurück in die Ferienwohnung und Joana bekommt Raum.

Vor einem halben Jahr war sie auf offener Straße mit einem Messer bedroht worden. Ein Mann hielt ihr ein Messer in den Rücken und wies ihr den Weg in ein Hochhaus.

Der Täter hat sie übel zugerichtet. Sie geht ein paar Tage später zur Polizei und zu ihrer Frauenärztin.

Auf beiden Stellen hat sich das gesamte System so in Widersprüche verfranst, dass das Verfahren eingestellt wurde. Die Anzeige nahmen sie zurück, weil sie sich einerseits überfordert fühlten, und andererseits keine klare Aussage machen konnten.

Wenige Monate später: Beim kleinsten Versuch sich zu wehren, bedrohte er sie mit dem Messer.

Monique eins war auch dabei. Sie hatte sich im Fahrstuhl gewehrt und wurde zusammengeschlagen und sie wurde zum Schweigen verpflichtet. „Wenn du ein Wort sagst, bist du geliefert." Seitdem steht sie so unter Schock, dass sie bis jetzt kein Wort gesprochen hat.

Sie hält das Schweigegebot ein und hat Angst.

Und weiter geht's.

Wir sind wieder am Strand und nehmen am „Imbiss" einen Snack zu uns.

Die Männer im System meinen, sie hätten nach dem Stress doch wohl einen Schnaps oder ein Bierchen verdient. Außerdem würden sie gern mit den Mädels abends in die Bar gehen oder, was noch besser wäre, mal in der Bar einen Männerabend machen.

Der Männerabend findet statt. Wir legen fest, wie viele Getränke für jeden zur Verfügung stehen sollen – eine lange Diskussion – denn mit den Folgen ihres Alkoholkonsums haben auch andere Innenpersonen zu tun, die das gar nicht so toll finden, beschwipst zu sein, ohne selbst etwas getrunken zu haben. Sie einigen sich auf ein Pils und auf ein Alster für jeden.

Der Männerabend wird kein reiner Männerabend! Die ersten Verliebtheiten der Jungs und Mädels (Innenpersonen) werden ausgetauscht. Sie schäkern miteinander, werden rot und hänseln sich gegenseitig. Sie halten durch bis zwei Uhr dreißig in der Nacht. Sehen mir zu, wie ich langsam müde werde, und sind erstaunt, das haben sie noch nie gesehen.

11.1.2 Sie sind schuldfrei und was ist daran deine Schuld?

Wo ist sie, ich sehe sie nicht?

Und was ist Dein Verrückt-Sein?

Du hast das erlitten.

Dein Vater war der Erste, der dich misshandelt und missbraucht hat.

„Ja, aber ich hätte mich wehren können."

„Ja, und konntest du dich wehren?"

„Ich hätte strampeln und schreien können."

„Und warum hast du nicht gestrampelt und geschrien? Schau genau hin."

„Ich hatte Angst, dass der Papa dann gar nicht aufhört. Augen zu, stillhalten und dadurch, irgendwann ist es vorbei."

„Ja, und verstehst du dich, wenn du das jetzt sagst?"

„Ja, eigentlich verstehe ich das und dennoch hätte ich etwas tun können."

„Es ist ganz schwer für dich, deine Hilflosigkeit zu akzeptieren."

„Ich hasse meinen Körper."

„Wofür?"

„Er hat das alles mitgemacht."

„Und wo warst du?"

„Ich war woanders."

„Wo woanders?"

„Ich habe von oben zugesehen."

„Du hast von oben zugesehen und hattest keinen Einfluss auf das, was der Vater machte?"

„Ja, und der Körper wollte das auch."

„Dein Körper ist machtlos ohne die Kraft deiner Bewusstheit. Er ist nur zu Reaktionen imstande."

„Dann habe ich meinen Körper im Stich gelassen?"

„Ja"

„Und wo ist jetzt dein Körper?"

„Den gibt es nicht, der ist nicht da."

„Ich sehe dich doch, du bist Körper."

Ein weiteres Beispiel für eine Konditionierung besteht darin, dass ein Kind zusammen mit einem Auslösereiz (Handysignal) stundenlang in eine dunkle Kiste gesperrt wird, bis es kaum noch Luft bekommt. Kurz vor dem Ersticken wird es herausgeholt und muss ein Tier töten.

Bei einer Weigerung wird das Kind zurück in die Kiste gesperrt, hat wegen Atemnot erneut Todesangst und wird wieder herausgeholt. Dieser Ablauf wird so oft wiederholt, bis das Kind gehorcht. Das Kind macht immer wieder ähnliche Erfahrungen und lernt bewusst hinzu, dass Gehorsam besser ist als Widerstand.

Bei Konditionierungen höherer Ordnung werden verschiedene Signale mit bereits gelerntem Verhalten verknüpft. Das Kind wird nicht mehr kurz vor dem Ersticken aus der Kiste geholt, sondern dissoziiert direkt vor dem Ersticken in Todesangst. „Wir sind so klein und gehorchen, dann kommen wir überall durch", sagt Monique und auch ihre Innenperson Kayla ist dieser Meinung. Die Kiste wird geöffnet und der dissoziierte Persönlichkeitszustand des Kindes erinnert sich nicht an das Einsperren, sondern nur daran, aus dem Dunklen befreit worden zu sein. Dieser dissoziierte Persönlichkeitszustand nimmt den Täter als Retter wahr und geht auf ihn zu. Nach dieser Konditionierung genügt die Gabe des Auslösereizes (Handysignal), um das Verhalten (das Zugehen auf den Täter) auszulösen. Moniques Vater bediente sich eines vergleichbaren Mechanismus: Er vergewaltigte das Kind bis zur Bewusstlosigkeit. Monique dissoziierte. Die Innenperson „Es" entstand, und erlebte seinen Vater als Retter. Als Erwachsene wunderte sich Monique über die eigene Anhänglichkeit an den „liebevollen Vater".

Ein einziger Auslösereiz kann bei Konditionierungen höherer Ordnung eine Kette von erwünschtem Verhalten in Gang setzen, die als „Programm" bezeichnet wird (Vgl. hierzu S. 45f.) Durch minimale Auslösereize wird ein breit gefächertes erwünschtes Verhalten abgerufen. Vergleichbar mit den Experimenten von Pawlow zu Konditionierungen zweiter, dritter oder noch weitergehender Ordnung werden verschiedene Signale mit bereits erfolgten Konditionierungen verknüpft. Ein neu verbundenes Signal einer Konditionierung zweiter Ordnung kann mit einem weiteren erwünschten Verhalten verbunden werden, so dass ein einziger Auslösereiz eine Kette von erwünschtem Verhalten in Gang setzen kann, dem sich der manipulierte Mensch hilflos ausgesetzt fühlt.

Auf diese Art und Weise erreichte der Täter Moniques Unterwerfung und das „sich zur Verfügung stellen". Auslösereiz war die Hand irgendeines Mannes – meist ein Zuhälter – auf ihre Schulter. Sie folgte ihm, prostituierte sich, d. h. sie zog sich aus etc. Außerplanmäßig aus der Sicht des Mannes verlief dann das Bestehlen des Zuhälters durch die Innenperson Kayla, die sein Portemonnaie einsteckte und verschwand.

Die so entstandenen Programme können, so meine Erfahrung, am besten mit Trauma-Konfrontationen aufgelöst werden *(so berichtet auch Claudia Fliß. a.a. O.)*. Ich stellte Körperkontakt zu Monique her und hielt sie im Arm, sobald dies notwendig wurde. Monique war erleichtert und fühlte sich dem Täter nicht ausgeliefert. Sie war in Sicherheit.

Berührungen sind besonders wichtig, da über die Körperreaktionen besonders effektiv helfend Einfluss auf Gefühle genommen werden kann. Sie können Orientierung sein, körperliche und emotionale Anspannung lockern und die Person beruhigen. *(Fliß, Claudia, a.a.O. 139.)*

Programme haben oft einen von außen und für die Betroffene schwer oder gar nicht einschätzbaren zeitlichen Ablauf d.h. ob jemand sich in einem Programm befindet, ist sowohl für den Therapeuten als auch für die Klientin schwer einschätzbar.

Francis war der Bote. Sie teilte mir mit, wann Monique oder eine ihrer Innenpersonen etwas nicht durchschaubares tat, ebenso die Innenperson Kayla auch sie war extrem wachsam und hatte eine gute Beziehung zu mir.

So war es erforderlich die Abstände der Therapiegespräche variabel zu halten und die Frequenz zu erhöhen. Oft war es notwendig mehrere Stunden mit Trauma-Konfrontationen zu arbeiten.

Ich war 1996 – 1998 unwissend und ohne Erfahrung, was dieses Thema angeht. Ich kannte die ‚klassische Konditionierung' und ‚Pawlow's Experimente', doch in diesem Zusammenhang war ich unwissend. Aus heutiger Sicht kann ich sagen, ich war ziemlich unerschrocken in meinem Tun. Und ich war ‚unvoreingenommen' in meinem Tun. Wenn ich heute die Fachliteratur lese, gilt es meist viel Fachliches zu beachten, so dass eine Schwere durch viel ‚Fachlichkeit entsteht und der Therapeut u.U. nur noch erschrocken und ohnmächtig vor dem Klienten steht.

Wenige Monate später (1992) war Monique in die Beratungsstelle gekommen, einerseits wegen ihrer Amnesien und auch weil sie das alles nicht mehr tragen konnte. Sie war überrannt von traumatischen Erinnerungen, blieb häufig auf einer Parkbank liegen und ließ sich von besorgten Passanten ins Krankenhaus bringen. Das alles wurde in den nächsten zwei bis drei Stunden Thema.

Monique ist hypersensibel. Sie sieht alles in der dritten Dimension und sie hat ein so feines Gehör, mit dem sie jedes Geräusch auf der Straße oder im Garten identifizieren kann. Sie ist extrem misstrauisch, untersucht meinen Arbeitsraum gründlich, weil sie glaubt, irgendwo könnten Wanzen versteckt sein. Sie ist extrem schreckhaft, hat jedoch einige Innenpersonen, die das auszugleichen versuchen.

Sie schrubbt ihren Körper mit einer Nagelbürste. Täglich. Sie fühlt sich beschmutzt und glaubt, sich so reinigen zu können.

„Ich habe ein Band um meinen Bauch und eine Dornenkrone um den Kopf", sagt Monique.

Von dieser Körpererinnerung ausgehend, kann sie sich mit dem ursprünglichen Schmerz wieder in Kontakt bringen.

„Spür hin, wie ist das für dich, wenn dein Kopf so eingeschnürt ist." „Das ist eng und tut weh." „Wo spürst du den Schmerz?" „Hier," sie zeigt an ihren Kopf oberhalb der Stirn. „Gib mal dem Schmerz eine Stimme, was könnte er sagen?" „Du gehörst Werth."

Therapeut" „Und stimmt das, gehörst du Werth oder bist du Monique?" „Weiß nicht."

Sie schaut mich an, fragend.

„Du bist Monique", sage ich. „Kein Mensch gehört einem anderen."

„Er bringt mich um, wenn ich das sage."

„Schau mich an und schau dich um, hier im Raum, wer ist hier?"

„Du bist hier und sonst niemand."

„Und kann der W. dich sehen oder hören hier?"

„Nein, kann er nicht."

„Spür hin, was sagt jetzt dein Schmerz?"

„Nichts, aber mir ist jetzt übel."

Sie steht auf, rennt auf die Toilette und erbricht.

„Jetzt habe ich das „du gehörst mir" ausgekotzt."

Werth hatte ihr gesagt – und sie damit konditioniert: „Ehe du etwas sagst, wirst du dich selber töten. Du nimmst eine Flasche Rotwein und Aspirin mit und gehst zu den Bahngleisen. Du trinkst den Rotwein und nimmst zwei Aspirin. Du weißt, dass du allergisch dagegen bist wie deine Mutter."

Sechs Monate lang dauerte die Prozedur: Sie erbrach, sie konfrontierte sich mit dem, was über all die Jahre geschehen war, was ihr das Bewusstsein von sich selbst genommen hatte, und sie in den Dauerschlaf versetzt hatte.

Das ganze Prozedere hat sie und mich auch hier viel Kraft gekostet.

Die Anzahl der Sätze (Konditionierungen) schien kein Ende zu nehmen.

„Wir töten deine Freunde, wenn du etwas sagst!" war nur einer davon.

Sie hatte immer wieder Sorge um mich. Ich dagegen durchschaute die Funktion dieser Drohungen. Der Täter erschien ihr allmächtig. Viel Zeit verging, bis sie begriff, dass er sich absicherte und sie dazu brachte, eher sich selbst umzubringen, ehe seine Sicherheit gefährdet war. Ich konnte nie in Erfahrung bringen, ob es sich hier um einen Einzeltäter handelte – es schien so – oder ob ein ganzer Kult hinter ihm stand. Ideell stand ein Kult hinter ihm. Ein einzelner Mensch kann sich so etwas nicht ausdenken.

Als sie zu mir kam, berichtete sie, dass er öfter anrief oder Päckchen schickte.

Ich besprach die einfachsten Maßnahmen: Den Hörer auflegen, nicht mit ihm sprechen. Die Päckchen mit ‚Annahme verweigert' zurückschicken. Doch das klappte nicht, einige Innenpersonen waren ihm hörig, sie schafften es nicht den Hörer aufzulegen.

Stellt euch vor: Heute machen wir eine Konferenz. Alle sitzen um einen großen Tisch. Die Frage ist:

„Wie können wir, ihr alle und ich Monique unterstützen?"

„Einer oder eine sorgt dafür, dass W. euch nicht am Telefon erreicht. Wer kann den Hörer auflegen?"

Kayla meldet sich:

„Mir macht das Spaß, ihm eins auszuwischen."

Aaron sorgt für die Kinder. Joana sorgt dafür, dass nicht zu viel Stress entsteht für alle. Sie verlangsamt das System.

„Alles wiederholt sich."

Das ist Replay (eine der Innenpersonen).

„Was sagt ihr dazu?"

„Wir sind schlauer als er. Wir kennen ihn, wir wissen genau, was er tun wird, bevor er es tut."

„Ich sehe nur Finsternis und unseren Tod", sagt Alexandra.

„Wir dürfen nichts riskieren, wir müssen bleiben, wie wir sind. Jeder, der uns bedroht, kriegt es mit mir zu tun."

Das ist Hedi, er spricht für den Erhalt und den Zusammenhalt des Systems.

Ich darf das nicht verkennen. Er ist auch gegen mich, wenn sich durch meine Interventionen das System verändern könnte.

„Das Ganze ist ein Flop", sagt Murksie zu mir.

„Du musst Dir etwas anderes überlegen, so können wir das nicht."

Und dennoch wurde es so gemacht – mit Hindernissen zwar und über einen Zeitraum von drei Jahren.

Insgesamt stellte sich das als ein erfolgreiches Therapieziel heraus. Alle arbeiteten, alle trugen zum Gelingen bei, lernten sich untereinander kennen, lernten alle ein Miteinander, und machten die Erfahrung, dass sie ohne den Missbraucher leben konnten.

11.1.3 Monique – Stationen ihrer Therapie

Februar 1992	Ihre Situation als sie kam: dekompensiert – verloren – aufgefunden in Kliniken (Krankenhäusern) wg. einer Vergewaltigung im Juni 1991
	Das System stellt sich vor. Konfrontation mit der Diagnose (MPS)
Jan-Mrz 1994	Sie erinnert Missbrauch – Vater, Kumpels des Vaters, Alkohol – sie sieht zu, wie der Vater die jüngere Schwester (das Baby) missbraucht / psychotischer Anteil Tod der Mutter – Monique ist drei Jahre alt
1994 – 1997	Lösen von dem Missbraucher / Erinnerung an den Tod der Mutter (als sie 3 Jahre alt war)
Sommer 1997	Programmierungen durch die ritualisierten Missbräuche
Januar 1998	Auflösen der Programme Symptome: Erbrechen / Kopfschmerzen der ritualisierte Missbrauch

11.2 Woran erkennt man Programmierung?

Die Klientin erlebt starke Unruhe und den Sog oder Zwang „es" zu tun, auch wenn sie das nicht will (z.B. Kontaktaufnahme zu den Tätern oder ‚Selbstbestrafung', wenn sie es nicht tut).

Wenn die Botschaften nicht ausgeführt werden, kommen sie „lauter" oder „schlimmer". (Backup)

Erreicht werden soll, dass das Opfer immer verfügbar ist, auch wenn es anderswo wohnt, auch nachts und an Wochenenden. Absolute Loyalität gegenüber den Tätern.

Die Frau soll sich auf Verlangen selbst „entsorgen".

Der Mann tauchte das Kind in einen Bottich mit einer stinkenden Flüssigkeit, hielt es solange unter Wasser, bis es fast bewusstlos war. Sagt immer wieder: „Wem gehörst Du?" Ihre Antwort lautete dann: „Ich gehöre Werth". Er wiederholt dies immer wieder und in der Todesangst sagte das Kind, was er von ihm wollte. Er betrieb dies solange, bis das Kind auch unabhängig von dem Untertauchen in den Bottich seine Identität preisgab und nur noch sagte: „Ich gehöre Werth".

Ähnlich konditionierte er Sätze, die ihr Tun und Denken und ihren unbedingten Gehorsam betrafen. Er tat dies mit jedem ihrer Persönlichkeitsanteile. Glaubte zumindest, es getan zu haben.

Von Murksie erfuhr ich das ganze Desaster. Sie erzählte ganz genau, wie der Mann Monique und alle anderen zu konditionieren versuchte.

Und dennoch waren sie und einige andere im System klüger als er. Sie – Murksie – war mit Monique in eins gegangen und hatte sich im entscheidenden Moment in eine Beobachterposition außerhalb des stinkenden Fasses begeben, um die Situation zumindest teilweise in den Griff zu bekommen.

Ich fragte, wie sie das tun konnte.

„Geist ist nicht sichtbar und wie Luft, nein gasförmig. So konnte ich mich aus dem Körper entfernen und von oben schauen, was passiert. Dieses „sich aus dem Körper entfernen" hat uns in vielen Situationen vor dem Ausgeliefertsein bewahrt".

11.3 Wie die Täter Monique kontrollieren

Erreicht werden soll Kontrolle über die Zeit und den Gedankeninhalt des Menschen.

Dazu gehört das systematische Erzeugen eines Gefühls der Machtlosigkeit durch Belohnungen und Bestrafungen und Ohnmachtserfahrungen.

Als Monique 15 Jahre alt war, veranlasste die Pflegemutter, dass sie in die Kinder- und Jugendpsychiatrie kam. Sie wusste, irgendetwas stimmt mit dem Mädchen nicht, und sie wollte das klären lassen. Das Mädchen wurde untergebracht und die Innenpersonen von Monique machten einen Plan, wie sie es am besten schaffen könnten, nicht erkannt zu werden. Das klappte auch.

Innerhalb kurzer Zeit tauchte jedoch einer der Täter auf, sprach mit dem Oberarzt und der Stationsschwester, gab sich als Onkel von Monique aus und erhielt die Erlaubnis das Mädchen mitzunehmen. Er nutzte die von ihm arrangierte Situation, das Mädchen auf die gewohnte und noch härtere Tour zu sanktionieren und zu quälen.

Monique versuchte mit ihrem Psychotherapeuten auf der Station darüber zu sprechen. Stieß bei ihm jedoch auf Unverständnis. Er schalt sie, sie diffamiere ihre Familie und „so etwas wie sie" kenne er. Sie sei eine ganz durchtriebene Jugendliche und er müsse ihre Pflegeeltern benachrichtigen.

Monique fürchtete, die Pflegemutter könne etwas erfahren und machte einen Rückzieher. Sie fühlte sich schuldig für die Verbrechen, die an ihr begangen wurden.

Mit dem Entlassungsbericht kam Kayla in die Beratungsstelle. Sie sagte nichts und gab mir diesen Brief.

Monique machte immer wieder den Versuch, dem Kult zu entkommen. Ihre leibliche Mutter war Mittäterin und offensichtlich mit ihrem Tun nicht mehr einverstanden. Sie stimmte nicht überein mit den Regeln des Kults. Und ihr Entkommen bestand darin, sich das Leben zu nehmen. Für Monique kam das nicht in Frage. Sie wollte leben, und sie wollte leben, ohne dem Kult hörig zu sein.

Aber wie und wer sollte ihr helfen? Ihre Pflegemutter, die von allem nichts wusste und auch nicht danach fragte, was mit Monique passiert war, wenn sie abends blau geschlagen zurück kam, kam nicht in Frage. Vielleicht hatte sie eine Ahnung davon, dass mit Monique irgendetwas nicht stimmte. Und dennoch ging sie der Wahrheit aus dem Weg.

Für sie war und blieb diese Seite von Monique die Verkorkste.

Als Monique erstmals in die Beratungsstelle kam, war sie in einem desolaten Zustand. Zunächst galt es aktuell, die junge Frau zu stabilisieren.

Erst drei Jahre später wurde offenkundig, von welcher Macht sie gesteuert wurde! Und immer mehr Überlegungen gingen in die Richtung, wie ihr zu entkommen war.

11.4 Wie alles begann

Sie kam zur Therapiestunde, setzte sich und rutschte nach wenigen Minuten auf den Boden, lag da wie eine Zweijährige, fragte mich in einer mir fremden Sprache – und dennoch verstand ich, was sie sagte – ob sie sich ausziehen solle. Natürlich sollte sie das nicht, sie stand auf, setzte sich auf den Stuhl und fragte mich, was passiert sei.

Ich sagte es ihr. Sie sah mich ungläubig an, und ich begriff, dass sie tatsächlich nicht wusste, dass sie auf dem Boden gesessen war.

Für mich war unglaublich, wie ein Mensch sich teilen kann. Das war keine Regression. Ich hatte zunächst keinen Begriff davon.

Heute sind 23 Jahre vergangen und noch immer füllen sich meine Augen mit Tränen, mit Tränen um die Trauer, was all den Frauen zugestoßen ist und mit Trauer um mich, die das alles mitgetragen hat.

***

„Da ist wieder Schnee", sagt sie. Vor jedem Wechsel von einer Person in eine andere erlebt sie körperlich und „psychisch" Schnee. Dann erscheint eine andere Person mit verändertem Aussehen.

12. Hanna zwischen Macht und Ohnmacht

Hanna: „Ich habe Angst in die Kanzlei zu gehen, jeden Morgen. Ich bin den Menschen nicht gewachsen."

Hanna: „Da stehe ich mir mit meinem Anspruch im Wege, ich sehe das wohl. Ich muss alles super gut machen, um meinen guten Ruf nicht zu gefährden."

Therapeut: „Was meinst du damit? Du bist erst ein halbes Jahr dort, wie willst du überhaupt einen Ruf haben?"

Hanna: „Ja, und wenn ich mal einen Mandant/en wegschicke, weil es mir zu schwierig ist, taucht gleich der Psychiater wieder auf, der sagt, ich muss jeden aufnehmen."

Therapeut: „Wo bist du da mit deiner Selbstverantwortung? Die Ärzte haben einen anderen Auftrag, sie müssen jedem helfen, der in Not ist. Wofür steht denn der Psychiater?"

Hanna: „Ja, ich habe die Befürchtung, meine Eltern könnten erfahren, was ich hier für eine „Scheißarbeit" mache, und ich weiß, dass das völlig absurd ist und aus einer anderen Zeit kommt und dennoch ist das unterschwellig immer da."

Therapeut: „Was musst du deinen Eltern beweisen?"

Hanna: „Wie gut ich bin und dass ich ihnen keine Schande mache. Und ich weiß, wie absurd das ist, sie sind stolz auf mich."

Therapeut: „Vielleicht ist das eine Angst aus deiner Kindheit, was war damals als du Kind und Jugendlicher warst? Was siehst du, wenn du da hinschaust?"

Hanna: „Das ist es ja, dann bin ich gleich wieder das Kind oder die Jugendliche von damals."

Therapeut: „Und du bist weder Kind noch Jugendliche."

Erregung und Angst vermeidet sie. Hier ist die Verbindungsschneise zu den abgespaltenen Innenpersonen. Zu ihren Gefühlen und Verletzungen von damals.

Das Problem der Erwachsenen in der Gegenwart, im Hier und Jetzt führt hin in die Vergangenheit, dahin, wo sich die abgespaltenen Personen bis heute aufhalten.

Ich frage mich: Habe ich mich verrannt? Und was ist heute?

Hanna: „Ich bin heute im Bett geblieben wegen Schnee. Wir sind hier völlig eingeschneit."

Ich: „Hm, und deswegen bist du nicht zur Arbeit gefahren? So viel Schnee liegt doch gar nicht."

Hanna: „Nö, ich liege im Bett und gucke Pornos. Wenn ich mich schon so mies fühle, brauche ich eine Begründung dafür," sagt sie.

„Brauchen nicht zu telefonieren, ich brauche keinen Menschen, ich fahre Autopilot." Sagt die Resignierte.

„Ich rede mit keinem Menschen, weil ich keinen Konflikt riskieren will. Es könnte sich herausstellen, dass das stimmt, dass ich psychisch krank bin."

Sagt die, die glaubt, psychisch krank zu sein.

„Ich mache sowieso, was ich will, geht mir doch alles am Arsch vorbei."

Sagt die Rebellin.

„Ich bin selber schuld, dass das alles so passiert ist," sagt diejenige, die sich für schuldig hält.

So die Kommentare der inneren Anteile. Sie bestimmen die Situation und die Erwachsene wird geschont. Sie kann weiterhin glauben, dass sie damit nichts zu tun hat und sich zum Opfer ihrer eigenen Anteile machen.

Traumatisierung in der Kindheit hat häufig Scham zur Folge. Das Kind ist davon überzeugt, dass ihm das, was ihm geschehen ist, kein Mensch glaubt. Es ist unfassbar: kein Mensch kann sich so etwas vorstellen. Das gibt es nicht in unserer Gesellschaft. Es ist gesellschaftlich tabuisiert.

Die Funktion von Scham: Scham schützt die in ihrer Kindheit tief verwundeten Menschen vor den Erinnerungen an früher erfahrene Verletzungen.

Die Scham umgibt mich wie eine Glaswand, und die persönliche Kommunikation nach draußen ist jäh unterbrochen. Unsere Scham bricht die Brücken hinter uns ab.

Die Folge von Schamprozessen: ist starke Einsamkeit. Wer in tiefe Scham versinkt, ist in diesem Moment der einsamste Mensch auf der Welt. Selbst wenn ich von Menschen umgeben bin, die sich liebevoll um mich bemühen.

12.1 Hanna sucht. Eine Supervisorin oder Mutter?

Sie hat eine gefunden und macht einen Termin zum Kennenlernen.

Sie ruft an: „Ich bin völlig panisch, habe den Boden verloren. Die Frau hat mich fertiggemacht, die hat was gegen Anwälte etc. Ich habe sie gesehen und gedacht, die ist mir viel zu ‚muttig'." (gluckenhaft, hausbacken)

Am nächsten Morgen ruft Hanna an und möchte von mir wissen, wie ich sie finde. Das sagt sie als Erwachsene, dahinter steht der Wunsch nach Bestätigung.

Ich antworte auf das, was sie mir anbietet und sage: „Für mich gibt es eine ganze Bandbreite von ‚unmöglich' bis `'ja geht wohl' über ‚ok'. Du siehst ja eher entweder oder, schwarz oder weiß, das hängt mit deiner Spaltung zusammen. Opfer oder Täter, sie/er oder ich."

Am Nachmittag Anruf von Hanna. Sie beschimpft mich: „Du hintergehst mich, du bist genauso schlimm wie meine Mutter etc."

Sie ist wütend, als 16jährige lässt sie ihre Wut an ihrem 20jährigen Sohn aus. Der wehrt sich, schubst sie weg. Sie schreit: „Der L. hat mir die Schulter gebrochen."

Wieder antworte ich nicht so, wie sie es möchte. SMSen folgen: „Ich bringe mich um, schneide mir die Pulsadern auf. Ja, Blut fließt. Ich bin der letzte Dreck"

Ich glaube ihr das nicht und bin doch nicht sicher, frage, ob ihr Ehemann da ist. Dann ist sie nicht allein, und er passt auf sie auf. Ich weiß, dass er das tut, auch wenn sie ihn oft zur Weißglut bringt.

Um 21 h kommt eine SMS. „Der Andreas ist da und wartet auf deinen Anruf."

Am nächsten Morgen um elf hat sie einen Termin bei mir.

Hanna zu mir: „Weil du dich nicht traust mir zu sagen, dass mein Projekt schlecht ist, ich schlechte Arbeit mache, hast du der Supervisorin gesagt, dass sie mir das sagen soll."

Ich: „Das glaubst du doch nicht wirklich, nein, das könnte ich dir doch selber sagen, ich kann dich doch nicht so belügen!"

Sie schaut mich an, geht in Kontakt.

Ich:„Du hast auch geglaubt, dass ich mit Andreas sprechen will, um mich über dich zu beschweren, stimmt's?"

„Ja", sagt sie, „ich war gestern so in der ‚Kinderkacke', eben ‚Borderline' bin ich."

„Nein", sage ich, „du warst sehr wütend, und wenn du gegenwärtig wütend bist, kriegst du keinen Stopp. Das ist als würde sich ein Ventil öffnen zu der Wut auf alle ‚Täter'. Und mehr ist das nicht. Reicht ja auch."

Sie versteht noch nicht. „Also bin ich dann auch immer schuld, weil ich so gestört bin?"

Ich: „Nein, bist du nicht. Du bist einmal wütend auf jemand wie zurzeit. Du grollst, schimpfst und kurze Zeit später ist das Gefühl der Wut verebbt, eben situationsangemessen wie hier bei der Supervisorin. Du findest zu der Entscheidung mit ihr nicht arbeiten zu können. Soweit hat dein Erleben mit gestört oder Schuld nichts zu tun.

Der Unterschied zu dir ist – und bei jedem anderen mit einer ähnlichen Biografie – dass die Wut auf all die Menschen, die dir so viel angetan haben, noch in dir steckt. Bis jetzt hast du die Täter noch nicht an den Pranger gestellt, sie zur Rechenschaft gezogen. Du trennst sie nicht von dir, du benennst nicht Ross und Reiter. Es ist alles eine riesengroße Schuld, die du mit dir herumträgst, nicht die Täter. Sie gehen frei raus, tragen keine Schuld, sind nicht der „letzte Dreck". Du trägst das alles."

Sie sieht mich mit großen Augen an. „Und was soll ich jetzt tun?"

Ich: „Verstehst du worum es geht?"

„Ja," sagt sie.

Erkenntnis: Es ist besser auszuhalten, dass ich spinne, als festzustellen, dass die Menschen böse sein könnten.

Es ist immer wieder die Angst und die Wut, die zusammen auftreten und mich umtreiben und der Gedanke dazu ist: „Ich habe keine Chance, bin wehrlos."

Sie weiß: Die Gefühle beziehen sich auf Ihre Mutter. Sie hat Angst, dass Mutter stirbt und hat Wut auf sie. Und sie hat keine Chance, kann sich nicht wehren, weil die Mutter ja dann krank werden könnte oder gar stürbe.

Sie sieht ihre Anteile unabhängig von sich.

Ihre Aufgabe ist es, sich auf die Schliche zu kommen.

Was ist der Hintergrund und wie ist es möglich, dass sie sich in Begegnungen so verstrickt und sich und ihre Umgebung in hellen Aufruhr versetzt?

Sie nimmt einen Stein in die Hand, will sich erden damit und sieht sich in einem Standbild in ihrer Vorstellung. Ein Gefühl, eine Körperempfindung und ein Gedanke. Zwei von diesen drei müssen es sein, die immer identisch sind in jeder dieser wiederkehrenden Situationen. Sie findet Angst und Wut und der Gedanke dazu ist: „Ich habe keine Chance, bin wehrlos." Viele Standbilder, viele Situationen sind ähnlich.

Was hat sie gelernt? Auf diese Episoden folgt eine veränderte Physiologie. Sie ist klar und fühlt sich kräftig.

In den letzten Jahren hat sie die Erfahrung gemacht, dass sie sich wehren kann. Daraus hat sie viel Kraft gewonnen, mit der sie heute in ihr Leben gehen kann.

Die Standbilder verfolgt sie zurück bis in ihre Kindheit. Hier sieht sie sich in zahlreichen Situationen – unabhängig von den Standbildern – außerhalb ihres Elternhauses, untergebracht beim Onkel, bei der Großmutter und so weiter. Sie ist erstaunt darüber. Sie sieht sich allein durch die Wälder stromern.

Was ist in der elterlichen Wohnung passiert?

Pearls unterscheidet zwischen zwei Qualitäten der Wut als Aggressionsausdruck, und zwar hinsichtlich ihres Gerichtetseins, ihres Ziels. Wut kann vernichten, und sie kann zerstören.

Während bei vernichtenden Impulsen das Objekt der Wut gänzlich beseitigt werden soll, geht es bei dem Wunsch zu zerstören um das Ziel, das Objekt der Wut in seine Bestandteile zu zerlegen, um es in seiner inneren Struktur erfahrbar zu machen und anschließend mit einer neuen Qualität zu einem Ganzen zusammenfügen zu können. *(E. Garbe, Martha: PsychoTherapie eines Mädchens nach sexuellem Missbrauch, Juventa, 2005, S. 83)*

Pearls hat sich mit diesem zweiten Aspekt von Wut von der Thanatos-Theorie Freuds abgegrenzt, in der dieser Aggression als negativen, destruktiven Trieb definierte. Für Pearls ist „zerstören" die heiße Wut, weil sie mit Lust verbunden ist. Es ist der Genuss am Aufnehmen, Zerkleinern und Assimilieren und dadurch am Herstellen neuer Qualitäten von Stoffen, es ist ein kreativer Prozess. *(E. Garbe, Martha: a.a.O., Juventa, 2005, S. 83)*

Sie ist krank geworden, fiebrig, erkältet, liegt flach.

„Wenn ich an mein Projekt denke, wird mir schlecht."

„Ok, was ist dir zu viel geworden?"

„Alles", sie schreit schon wieder, will nicht genau hinsehen, wehrt lieber ab und schreit.

„Ich bin der letzte Dreck, ich habe das so verdient."

Von allem zu viel macht Ekel.

12.2 Die innere Leere füllen

Sie hat sich zugemüllt, auch in ihrer Kanzlei, ihrem Projekt, wie im täglichen Leben: zu viel an Kleidung. Sie kauft und kauft aus der Angst heraus, dass sie nie wieder etwas bekommen wird. Sie kauft auch Bücher, von denen der gesunde Anteil weiß, dass sie sie niemals lesen wird. Genauso verhält sie sich mit Lebensmitteln und sie isst und isst, um ihre innere Leere zu füllen oder um sie nicht wahr zu nehmen.

Genauso in ihrem Projekt: Sie sagt nicht „nein", wenn nein ist. Nimmt jeden und ist getrieben von „du musst". „Du bist die letzte in der Kette der Versorgung, du bist zuletzt gekommen und musst jeden nehmen, egal." Und „Wer bist du denn schon? Du bist der letzte Dreck."

„Ich lebe hier und in einer Parallelwelt. Ich switche ständig hin und her."

„Manchmal habe ich das Gefühl, ich lebe vier Leben gleichzeitig."

12.2.1 Parallelwelten

Sie wird ganz ruhig dabei.

Ich habe das so hergestellt, bin dem „du musst" gefolgt und habe keinen erwachsenen Zugriff mehr gehabt. Und jetzt sitze ich hier und switche von einer Ebene auf die andere und weiß nicht, wie ich das beeinflussen kann.

Wir besprechen, wie sie das Organisatorische händeln kann, wo ihre Verstrickungen sind, und wie sie auflösbar sind.

Begrenzen statt ausufern. Sie kann niemanden retten. Bist du größenwahnsinnig? Genau hinsehen, bevor sie verspricht.

Wo sind ihre Kränkungen? Wo ihre Selbstverantwortung?

Die Parallele damals und heute.

Und sie sieht noch keine Verbindung, verhindert die Erkenntnis.

12.2.2 Der Polizist

Er ist gewaltig, mächtig, groß und breit. Er kommt in Uniform.

Hanna: „Ich habe Angst vor ihm, und er ist eine Herausforderung. Ich folge der Herausforderung. Ich erreiche ihn. Nicht-Ich hat Angst vor ihm."

Leo, ihr leiblicher Sohn, ist straffällig geworden, als er 19 Jahre alt war. Er ist bei einem nächtlichen Streifzug mit anderen Jugendlichen mit dem Messer auf einen jungen Erwachsenen losgegangen, wollte seinen Kumpel verteidigen. Er bekam drei Jahre Jugendhaft und sitzt zwei Jahre davon ab.

Seine Mutter ist zutiefst betroffen davon, erschüttert, fühlt sich schuldig. Sie hat sich nicht genug um ihn gekümmert, so ihr Glaube. Diese Schuld lastet schwer auf ihren Schultern und ist in ihrer Selbstarbeit auch nicht händelbar.

Während der Zeit der Jugendhaft ist sie besorgt um ihn, besucht ihn, bringt ihm, was er braucht und vor allem spricht sie mit ihm. Sie, inzwischen kompetent im Umgang mit Jugendlichen, rückt vieles richtig, was Leo sich ausdenkt.

Als er entlassen wird, nimmt sie ihn wieder in der Familie auf und sorgt sich um seine berufliche Ausbildung, kurz um die Integration ihres Sohnes.

Heute, ungefähr sechs Jahre später, hat er eine eigene Wohnung und wird in Kürze sein Abi machen, um mit einem Studium der Sozialpädagogik zu beginnen.

„Ich habe gestern in der Intervisionsgruppe mein Thema mit dem Polizisten erzählt und auch gesagt, dass mich seine Erpresserstrategien an Leo erinnern. Und ich nicht frei bin, weil Leo auch immer wieder versucht, mich zu erpressen und ich mich schuldig fühle ihm gegenüber. Das war gut, mich damit zu öffnen."

12.3 Auf der Suche nach Sinn – Angst und Zerstörung

„Ich habe alles zerstört, die Bilder zerschnitten, die Kleider und die Röcke in den Müll geschmissen. Es ist doch alles sinnlos, alles was ich versucht habe, mir aufzubauen, ist kaputtgegangen. Beziehungen zu Freunden, das Malen bei Dieter und das Nähen der Röcke und Kleider, alles kaputt."

Erkenntnis: Es ist leichter sich und seine Dinge zu zerstören, statt sich hinzustellen und zu sagen: „Dieses alles ist meins, ich habe es gemacht und hergestellt, und ich bin stolz darauf."

12.3.1 „Wie viel Zeit werde ich haben?" fragt sie.

„Eine Stunde" sage ich.

Sie verändert sich, sitzt da, wird wütend, hält ihre Wut fest, fixiert sich auf diese Aussage ‚eine Stunde', als sei dies eine große Ungerechtigkeit.

Sie ist weit entfernt, sie dissoziiert, ist in einer anderen Zeit. Für sie bin ich jemand, der sie reglementiert, sie kurzhält.

„Ich darf meine herzkranke Mutter nicht angreifen, enttäuschen, sie könnte sterben, und ich mache mich schuldig."

Ich (Therapeutin) muss mein Honorar aufstocken. Bis jetzt war die Finanzierung von Hannas Therapie über einen Spendenbeitrag, den sie an die Beratungsstelle überwies, geregelt. Aufgrund des Umbaus bzw. des Umzugs der Beratungsstelle in neue großzügigere Räume konnte das nicht aufrechterhalten werden, ich musste von ihr ein angemessenes Honorar fordern. Sie sagte spontan ja und machte einen Vorschlag, wie sie und ich das regeln könnten.

Bis zum nächsten Morgen war sie in und durch alle Kränkungen gegangen. Angefangen von der Vorstellung, für Liebe bezahlen zu müssen. Sie nahm alles persönlich, ich wolle mich bereichern an ihr, meine Rente aufstocken etc. Und warum eigentlich nicht, sagte ich mir.

Sie kam tränenüberströmt, verzweifelt und gekränkt:

„Du hast mich reingelegt, du hast mich verraten. Du hast dir meine Liebe, meine Nähe erkauft und jetzt soll ich dafür bezahlen. Damit kann ich nicht leben, dann bringe ich mich um."

Therapeut: „Und was kränkt dich daran so sehr, dass du nicht weiterweißt, glaubst aus dem Leben gehen zu wollen?"

Es ist nicht nur die frühe Erfahrung mit ihrer Mutter, mit der missbrauchenden Mutter. Von ihr fühlt sie sich verraten. Von der Mutter, um deren Liebe sie ringt und die nicht imstande ist, das Kind zu lieben und es stattdessen missbraucht, wie sie selbst missbraucht wurde von ihren Brüdern und ihrem Vater.

Hanna fühlt sich verraten, und glaubt sie bekomme nichts, gehe immer leer aus, alles müsse sie sich erkaufen, für alles bezahlen, nichts bekomme sie um ihrer selbst willen. In ihrem Leben kann sie es nicht unterscheiden. Sie wird maßlos in ihrem Habenwollen. Sowohl beim Essen als auch in ihren Kontakten, und alle, die dem nicht entsprechen, dies nicht bedienen, werden ausgeschlossen.

Den großen unstillbaren Hunger versucht sie zu stillen, sie bezieht ihn auf alles: Auf Bücher, auf Fortbildungen, auf Stoffe, auf Wolle und vor allem aufs Essen.

In ihrer Therapie schafft / produziert sie jetzt die Grenze: Jeder Kontakt, jedes längere Telefonat, das über 1-2 Stunden hinausgeht, muss sie bezahlen. Zumindest steht dieses Thema im Raum.

Sie kommt: „Ich brauche den sicheren Rahmen der Institution. Ich überweise weiterhin die Spenden an die Beratungsstelle."

Therapeut: „Okay, und wie kommst du jetzt darauf?"

Hanna: „Ich befürchte, ich bin dir zu sehr ausgeliefert. Die Institution gibt mir Sicherheit."

Therapeut: „Und was ist los mit dir, was ist passiert?"

Hanna: „Mir geht es schlecht, ich glaube ich bin zu sehr identifiziert mit meiner Mutter."

Therapeut: „Oder bist du zu sehr ihr Opfer?"

Hanna: „Ja, das wohl. Blöd ist nur, dass ich das so an dir festmache."

Therapeut: „Ja, du willst das gar nicht, weißt du denn, wozu du das tust?"

Hanna: „Ja, dann bin ich nicht allein verantwortlich. Das ist gut bei Sergio, der bestätigt mich sehr in meinem Tun heute, lässt die Vergangenheit außer Acht."

Therapeut: „Ja, und kannst du das auch so sehen, dass du dann beide Seiten hast?"

Hanna: „Ja, irgendwie schon, und dennoch möchte ich, dass du mich erwachsen werden lässt."

Therapeut: „OK."

Ich (innerer Monolog):

„Soll ich für dich unentgeltlich arbeiten? Für dich sorgen, wie eine Mutter dich versorgen? Und damit deinem Versorgungswunsch entsprechen, statt dich zu fordern selbst zu tun? Was erwartest du von mir? Und was erwartest du von dir? Will du verharren in deinen kindlichen Wünschen? Oder wann fängst du an dich wieder auf deine Füße zu stellen? Wann willst du anfangen Verantwortung für dich und dein Leben zu übernehmen? Soll ich das tun?"

12.4 Die Schuldfrage

Auf die Frage, warum schreist du deine Kinder so an, entwickelten sich die Schuldthemen zwischen Mutter und Söhnen. Hanna hat ein schlechtes Gewissen, weil sie oft „durchdreht", ihre Kinder oft anschreit und sich in ihrer Wut gar nicht bremsen kann.

Hanna hat hohe Ansprüche an sich selbst. Sie will die beste Mutter, Ehefrau und Hausfrau sein. Sie nimmt ihren Kindern viel ab und gewährt ihnen ihre Wünsche und Freiräume. Sie selbst hat Schuldgefühle, wenn sie ihre eigene Bedürftigkeit verspürt, vor allem dann, wenn sie ihrer Meinung nach im Konflikt zu den Interessen ihrer Söhne und ihres Mannes stehen könnten.

Sie gibt mehr als ihren Bedürfnissen entspricht, ist enttäuscht, wenn ihr Mann und ihre Söhne nicht den gleichen Einsatz zeigen, also hilfsbereit und selbstlos sind.

Therapeut: „Und wie sollte eine Mutter sein?"

Hanna: „In erster Linie sollte sie sich um ihren Mann und die Kinder kümmern. Sie muss dafür sorgen, dass es ihnen gut geht. Dafür ist sie verantwortlich."

Therapeut: „So wie deine Mutter?"

Hanna: „Meine Mutter hatte ja nur den Anspruch, sie konnte das nicht wirklich erfüllen. Meine Mutter hatte ja auch kein Wissen um ihre Bedürfnisse und Gefühle. Sie schrie nur immer: Mein Herz, mein Herz!!, so dass ich Angst bekam, sie könnte sterben und ich sei schuld daran.

Hanna: „Ich habe geträumt, Elke gibt mir viel Raum, alle ihre Räume und ich sage ‚nein'. Tatsächlich habe ich keinen Anbiss. Ich male und beginne 35 Stellwände und stelle sie in den Keller. Ich beginne und mache nichts weiter und nicht fertig. Ich bin sehr frustriert und würde am liebsten aufhören. Und tatsächlich kaufe ich wieder Wolle, viel Wolle, noch mehr Wolle."

Therapeut: „Was machst du denn mit der Wolle, die dir deine Mutter gegeben hat?"

Hanna: „Die steht im Keller, ich habe im Moment keine Zeit sie ihr zurück zu bringen. Ich kann nichts tun, ich bin in einer Pattsituation. Es geht nicht vor und nicht zurück."

Therapeut: „Wer ist denn ES?"

Hanna: „Ich natürlich, wenn ich das Bild vor mir sehe, will ich es gar nicht weitermalen."

Therapeut: „Und warum entsorgst du nicht die Wolle, die deine Mutter dir geschickt hat?"

Hanna – Von ganz weit her: „Da ist vielleicht ein Wurm drin, der sich mir nähert, vielleicht ist er gefährlich oder giftig."

Sie will das Geschehene nicht wahrhaben, vermeidet Scham? Geht weg anstatt sich zuzumuten.

Therapeut: „Also alle Bedürfnisse sind tabu, auch Schuld, Scham, Furcht und Angst sind für dich tabu, auch deine Sehnsucht ist tabu. Deswegen spaltest du sie ab und gestehst sie einem kindlichen Anteil von dir zu. Du musst erst ein Kind werden, um diese Empfindungen haben zu dürfen und selbst, wenn du das Kind bist, sind sie verpönt. Du bestrafst dich dafür?"

Hanna: „Nein, so ist das nicht mehr heute. Ich habe wirklich zu mir gestanden, zugegeben, dass ich Angst habe und mich fürchte und ich habe es erzählt.

Therapeut: „Ich habe mich entschieden in zwei Jahren meine Arbeit in der Beratungsstelle zu beenden."

Sie ist entsetzt, wird panisch:

Hanna: „Dann kann ich ja jetzt schon meine Arbeit beenden, muss in nichts mehr einsteigen. Alles ist zu Ende."

Sie beharrt zunächst darauf, obwohl ich ihr sage, dass aus meiner Sicht die Arbeit mit ihr weiterginge. Die erwachsene Hanna versteht und sucht für sich einen Weg weiterzugehen. Sie weiß, dass es ihr bis heute nicht gelingt, die Kinder zu beruhigen. Die Kinder fühlen sich verlassen, sind in einer alten Situation mit ihrer Mutter und können nicht unterscheiden zwischen damals und heute, sehen keinen Unterschied.

„Ich habe nur noch Angst," sagt sie, „in der Nacht bin ich aufgewacht und habe mich gefühlt wie im Grab. Ich bin gefährdet, gestern hat mich mein Vater angerufen. Er war sehr durcheinander. Und Andreas sagt, ich müsse mich um ihn kümmern. Und ich kann das gar nicht."

Therapeut: „Und was ist deine Gefährdung?"

Hanna: „Da will ich jetzt gar nicht dran denken."

Therapeut: „Okay, Du kannst das auch am Dienstag tun, in deiner Stunde. Und was ist jetzt deine Sicherheit? Wo ist sie? Wie bringst du dich in Sicherheit?"

Hanna: „Ich habe mich hingestellt und mich aufgerichtet. Und viele Patientinnen, die kommen, sagen und klagen „...im Heim aufgewachsen und wie schlimm das war und keine Mutter zu haben". Und ich richte mich innerlich auf und sage: Ich bin bei ‚so einer Mutter' aufgewachsen!" ‚So eine Mutter' heißt: eine Mutter, die emotional und sexuell übergriffig ist, die nie da ist, und die mich vernachlässigt hat."

Sie ist sich dessen gewahr und weiß, dass „man" es schaffen kann, auch mit ‚so einer Mutter' und auch aus dem Heim kommend.

Hanna: „Ich habe mich heute mit einer Freundin getroffen. Wir haben Kaffee getrunken und uns viel erzählt. Vier Stunden lang. Ich bin bei mir geblieben, das war klasse. Ich konnte zuhören und verstehen. Wie geht es ihr, wie mir? Das muss ich mir jetzt anerkennen, tue ich auch und ich bin stolz."

Seit der Auseinandersetzung mit ihrer Mutter und dem Wissen, dass meine Arbeitszeit begrenzt ist, hat sie einen Riesensprung gemacht. Sowohl hinsichtlich ihrer Anerkennung von eigenem Tun. Sie sagt: ‚Das habe ich gut gemacht. Da habe ich mich ‚reingesteigert', das war überflüssig.' Und sie kommt und sagt: „Ich habe Wolle gekauft."

Sie schämt sich, ist rot vor Scham, unterscheidet Panik, Furcht, Angst und kennt die unterschiedlichen Gründe für Schuldgefühle. Sie hat eine Woche lang ihren Arbeitsalltag gemanagt mit unterschiedlich schwierigen Themen und die kindlichen Anteile auf das Wochenende vertröstet.

Therapeut: „Wie wäre es, wenn du 2 Wochen lang nicht deinem Zwang zu kaufen folgen würdest?"

Sie willigt ein: „Ja das mache ich."

Sex mit Erwachsenen – mit Mama im alltäglichen Geschehen, das muss so sein. Die Scheide brennt, sie giert nach Berührung – immer wieder.

Der Druck wird größer, ist nicht mehr auszuhalten. Sie will den Missbrauch von Mama. Das System organisiert sich so, dass ein Mädchen abgeordnet wird, nur für Sex mit Erwachsenen.

12.5 Das Symbol

Sie steht in einem Tannenwald und sieht vor sich in einiger Entfernung ein Baby.

Dick und rosig schaut es aus. Es ist gefangen im Gestrüpp und es ist unbeweglich. Auch sie kann sich ihm nicht annähern. Sie würde sich verletzen im Gestrüpp. Sie sieht es als Symbol für Lebendigkeit – für ihre Lebendigkeit. Wofür steht das Gestrüpp, das sie behindert?

Am nächsten Tag: „Ich glaube Sterben ist die Erlösung. Alles andere ist eine große Lüge."

Sie schreit ins Telefon: „Ich komme heute nicht zum Termin, hast du gehört, ich komme heute nicht und nie mehr, es ist doch alles sinnlos! Wozu, wozu, wozu? Dass ich mich töte, es ist nichts mehr von mir da. Alles kaputt. Bin ja auch nur ein Fall für euch. Im Tötungsprozess, Bilder, Kontakte, Röcke, Zukunft."

Sie hat Angst vor der Leere, die ihr sagt, sie könne unwirksam sein.

„Ich sage, die will geliebt und geachtet werden."

„Ja, das braucht die."

„Was macht dich so verzweifelt? Du kannst dich weder in die eine noch in die andere Richtung bewegen? Was sind die Richtungen – sie sind weg von den Menschen? Was soll ich denn verstehen?"

„Ich bin nur ein Fall für dich."

„Nein, das stimmt nicht, und du weißt das auch. Das alles ist im Außen – und zeigt wie viel Aggression du hast – und du hast dafür noch nicht die richtige Richtung ... – Nicht gegen dich!!!

RUHE

Sie sagt: „Ich sitze in der Badewanne, vor mir ein Skalpell und eine Schere."

Sie will sich die Pulsadern aufschneiden. Weiß nicht warum sie das tun will. Sie schreit ihren Selbsthass aus sich heraus. Weiß nicht, ob er von ihr kommt, weiß auch nicht von wem oder woher sonst. Sie redet nicht mit mir. Versteht nicht was ich sage. Beschimpft mich, als hätte ich ihr dieses alles zugefügt. „Du hast mich belogen", wird eifersüchtig. Geh doch zu XY, was hast du mit mir zu tun, ich will dich nicht hören, etc.

Eifersucht, Hass, was mitschwingt ist die tiefe Verzweiflung, der Wunsch, erreicht zu werden, aus der Einsamkeit heraus zu kommen. Mutterübertragung, alte Situation mit Mutter?

Interventionen: „Warum hassest du dich so? Wie kommt der Hass in dich hinein?"

Später: Zur Verfügung stellen was ich höre, was mitschwingt. Z.B.: „Du hörst dich an, als wärest du völlig allein." „Du bist verzweifelt." Oder als Frage: „Du bist gar nicht in der Gegenwart, wo bist du?" Du hörst dich an, als würdest du um die Liebe Deiner Mutter ringen, alle Register ziehen, sie achtet nicht auf dich. Du übertreibst, sagst du bringst dich um etc., um überhaupt einen Kontakt herzustellen.

Für den Therapeuten: Erkennen, dass sie in der Spaltung der Personen steckt. Ich erkenne Hanna und das Kind Hanna.

„Keiner hört dich? Kriegst du mit, dass ich mit dir spreche?"

„Ist mir egal, du bist mir egal."

Therapeut: „Das glaube ich nicht. Wofür brauchst du diesen Selbstschutz? Du bist mir nicht egal. Ich mag dich sehr. Für mich musst du nicht so ein Geschrei veranstalten. Du ringst um die Liebe deiner Mutter und was sagt sie?"

„Du bist verrückt, ich will dich nicht."

Hanna kommt zurück, versteht, scheint zu begreifen, begreift auch. Und vergisst im Laufe des Nachmittags, was sie eben erkannt hat: Nämlich, dass sie sich nicht liebt, weil ihre Mutter sie nicht geliebt hat. Sie hasst sich, so wie ihre Mutter sie gehasst hat. Ein Anteil von Hanna ist identifiziert mit Mutter und bestraft sich somit dafür, ja will sich dafür vernichten, dass Mama sie nicht geliebt hat.

Wie soll ich mich lieben, wenn nicht einmal meine Mutter mich geliebt hat? Schreit sie.

Ein Anteil von Hanna ist mit Mutter – ein Täterintrojekt – identifiziert und bestraft Hanna dafür. Ja, will Hanna dafür vernichten, dass Mutter sie nicht geliebt hat.

12.6 Risiko

Sie hat alle Ziele im Außen erreicht: studiert, ihre Ausbildung beendet, eine Praxis aufgemacht, die sie ein halbes Jahr führt.

Meine Idee ist, sie könnte in ihrer Selbstarbeit einen entscheidenden Schritt tun, sich konfrontieren mit ihren abgespaltenen Anteilen und auf dem Wege zu mehr Integration kommen.

Ich bespreche das mit der Erwachsenen und sie lässt sich ein, in diese Richtung zu gucken, mit dem Ergebnis, dass innerhalb kurzer Zeit das ganze System durcheinandergerät. Die Jugendlichen „führen" die Praxis und wollen sie schmeißen. „Kackpraxis", „Kackarbeit", „Kein Bock", „ich habe heute alle Termine abgesagt wegen Schnee, liege im Bett und gucke Pornos." Mein Lebensgefühl ist im Arsch und wenn ich mich schon so mies fühle, geben die Pornos mir die Begründung dafür."

Ich bin geschockt. Und mir wird klar: Das war der falsche Zeitpunkt. Die Verführer (für mich) sind groß und überall und vor allem im Außen in der Fülle der Literatur zur Traumatologie.

Ich sage mir: Vorsicht! Du entwickelst Scham darüber, dass deine Mandantinnen keine größeren Erfolge haben in so langer Zeit und … Schon lässt du dich abbringen von dem, was du nur allzu gut selber weißt: Meine Strategie ist seit langem, die Erwachsene zu stärken, und wieder die Erwachsene stärken und sie bestimmt, wie viel sie von dem Erlebten in ihr Leben nimmt. Du musst erkennen und wissen, was ist das Richtige zur richtigen Zeit.

„Leo sagt, meine Freundin sagt, sie sei schwanger von mir", sagt sie. Hanna wird panisch, fühlt sich bedroht, schimpft auf ihren Sohn. Ich begleite sie, verstehe ihre Wut. Sie sagt: „Er ruiniert uns", etc.

Die Erinnerung daran, dass das bisher nicht so war. Sie hat Situationen mit ihm durchgestanden, die schlimmer waren und ihre Sicherheit ist bedroht. Sie fühlt sich bedroht, ihre Sicherheit ist gefährdet, das was sie sich aufgebaut hat, droht zerstört zu werden. Ihre Existenz ist gefährdet.

Sie schreit: „Der Junge, der bringt uns alle in den Ruin, unser Leben lang müssen wir zahlen für ihn! Kann man nicht so einen Sohn loswerden..." etc.

Am nächsten Tag kommt sie zur Stunde, sagt: „Was soll schon sein, selbst wenn wir (Andreas und ich) 100 oder 200 € für ein Kind bezahlen, kann uns das nicht bedrohen. Wir machen einfach weiter. Das ist unsere Devise."

Erfahrung – Erste Anzeichen von Versöhnung?

„Vor Jahren hat Andreas und mich das erschüttert, als Leo in den Knast musste. Und dennoch sind wir weitergegangen, wir haben weitergemacht, trotzdem. Das ist meine Erfahrung," sagt sie.

„Ich muss für meine Kinderkacke bezahlen. Ich bezahle jeden, mit dem ich zu tun habe. Alle wollen Geld von mir." Sie kommt in die Stunde, völlig dissoziiert, wie betäubt, ist aufgebracht, über die Ungerechtigkeit im Leben.

Sie muss alles bezahlen und auch ich will nur Geld von ihr.

D.h. sie muss bezahlen, für das, was ihr angetan wurde. D.h. auch sie nimmt die Schuld für alles, was die Täter: die Mutter, die Onkels, Cousins ihr angetan haben, auf ihre Schultern. Sie trägt die Last.

Auf der einen Seite gibt sie vor, die Last zu tragen, sie macht einen Riesenspektakel deswegen. Doch das geht auch gegen mich: Ich erdreiste mich, ihr mehr Geld abzuverlangen. Sie, die Jugendlichen im System, verstehen oder wollen nicht den Zusammenhang zwischen der Wertgebung, der Selbstarbeit und dem Geld verstehen. Sie rebellieren. Schon bei ihren Eltern kamen sie zu kurz.

Sie richtet die Aggression gegen sich, zerstört ihre eigenen Sachen.

Wo bist du?

Im Tötungsprozess Bilder, Kontakte, Röcke, Zukunft alles kaputt.

Ich bring mich um, auch wenn du jetzt nicht antwortest.

Dann hol mich da raus.

Gegenübertragung: Ich fühle als Therapeutin emphatisch mit ihrem Sohn und erkenne, was der Junge sich von ihr wünscht. Er ist sich dessen sicher, dass Mutter ihn nicht liebevoll in die Arme nimmt und ihn beruhigt, sondern genau wie er davon ausgeht, dass er ihr niemals gehorchen wird, sondern sie anschreit.

Hanna sagt: „Wäre jetzt gerne bei dir. Weißt du eigentlich wie viel Kraft mich diese ganze Therapie kostet?"

Weiter sagt sie: „Alles fühlt sich falsch und verschoben an. Trotz Laufen komme ich nicht in meinen Körper an, die Kleidung stimmt nicht. Stelle mein ganzes Leben in Frage, weiß gar nicht, was mir wichtig ist. Ich krieg mich überhaupt nicht klar. Dass ich mein Leben nicht hinbekomme. Ich werde den inneren Stress nicht los. Wahrscheinlich ist das mein Grundproblem, mit vom Weg abkommen. Alles was ich plane und mache... Bei mir ist alles falsch, alles was ich anfange, auch die Therapie. Nichts stimmt. Fühlte sich alles kaputt an. Niemand, der mich versteht. Fahren gleich nach Hause. Bist du nachher da? Halte das allein nicht aus."

„Ich liege wieder im Bett, seit ich Zuhause bin."

„Drehe durch – was ist mein Auftrag? Was ist der Sinn? Bin dir doch als Mensch egal? Hatte noch gewartet, Tür war dann auch zu. Töte mich."

„Ich hasse mich so dafür."

„Und du hast gut reden."

„Handy aus und gut ist."

„Vergiss es, Grüß von mir, die will nichts mehr."

„Ich bring mich um, auch wenn du nicht antwortest."

„Haha."

„Ich bin so verzweifelt. Dass ich mich nur umbringen kann."

„Unbeweglichkeit."

„Ich töte mich jetzt."

„Du verstehst doch nichts."

„Genau, über psychisch Kranke redet man, nicht mit ihnen. Und wenn der Therapeut ein Problem hat, ist der Kranke daran schuld. Kommt ja nicht drauf an." „So ein Leben ist einen Scheiß wert."

„Aber eigentlich kann ich mich auch umbringen, weil sowieso alles egal, alles sinnlos ist."

„Das Umbringen-Wollen wird unerträglich."

Übertragung, Gegenübertragung.

Sie hat eine Idee, will einen Teppich kaufen, will mit ihrem Mann in den Teppichladen fahren. Unterwegs lässt sie den Gedanken los, ohne es zu merken.

Er übernimmt und stellt den Kontakt her, kauft den Teppich. Sie gibt auf, fällt in die alte Resignation.

Andreas sagt mir, du bist es nicht wert in einer schönen Wohnung zu wohnen (und ich möchte in einer Luxuswohnung in der Stadt wohnen).

Und ich bin es nicht wert! Ich wohne in einem schäbigen Haus und habe eine schäbige Praxis und gehe in eine schäbige Beratungsstelle.

Dann bin ich es doch nicht wert!! Alle, du und Andreas ihr behandelt mich auch so.

Therapeut: „Und dann, was würdest du denn tun, wenn du in der Stadt in der Luxusvilla lebtest?"

„Ich würde mich wahrscheinlich nach unserem Haus sehnen, weil ich ja hier Ordnung machen müsste."

Panik

„Du bist der letzte Dreck" sieht sich als die gesamte Person. Ich gehe morgens zur Arbeit, kann die Leute nicht mehr sehen, möchte einen Strick nehmen und alle aufhängen. Ich bringe mich um. Alles verlogen.

Therapeut: Hört nicht was ich sage, schreit: „Du hast ja auch keine Lust mit mir zu reden!"

Alle kriegen ihre Dinge geregelt. Ich nicht. Ist egal, was du sagst, ist ganz egal. Ich habe alles abgesagt. Dann gehe ich in diese Kackpraxis und dann nur noch ins Bett. Ist mir egal, was ihr von mir wollt. Sowieso alles Lüge. Alles gelogen.

Mich gibt es gar nicht.

Dich gibt es gar nicht? Symptom Essstörung

Ich muss kreativ sein, Gruppen anbieten, Teilnehmer finden und der Leo und der Andreas sagen: „Ich muss die Küche aufräumen und in der Wohnung sieht es aus... Ich muss, ich muss, ich muss."

Das sind doch alles Anforderungen, die von außen kommen. Wo bist du? Was willst du?

„Ich muss, ich muss..."

Therapeut: „Wo bist du?"

„Ich spiele keine Rolle, mich gibt es nicht." „Bin weg, ganz weg, nicht da."

Therapeut: „Und mit wem spreche ich jetzt?"

„Du sagst ja auch, ich muss dir eine Antwort geben. Ich reagiere nur auf außen, auf das, was von außen kommt."

Therapeut: „Dann bist du Reiz und Reaktion?"

„Nichts bin ich. Ich esse jetzt – immer mehr fressen."

Dann – völlig unvermittelt: „Vielleicht ist unser Haus ja gar nicht so schäbig. Andreas liebt den Garten, und ich finde den auch schön. Wenn ich nur mehr Platz hätte, für etwas wirklich Wertvolles."

Frage Therapeut; „Platz im Außen oder Platz innerlich?"

Hanna: „Nicht nur innerlich. Ich brauch das auch im Außen."

In den nächsten Wochen kommt sie zur Stunde, sieht mitgenommen aus und aufgequollen.

„Alles ist kaputt, ich bin kaputt, seit langem habe ich mich nicht mehr so gefühlt."

Ein Vorwurf in ihrer Stimme schwingt mit.

„Ich gehe nicht mehr in die Praxis, ich schmeiße sie."

Ich: „Und was ist jetzt meine Verantwortung an deinem Zustand?"

„Nein, du bist nicht schuld daran."

Ich: „Sicher?"

„Nein", sie lächelt etwas verschämt. „Gefühlt ist das anders."

Ich: „Wie ist das gefühlt? Wo ist da mein Anteil an deinem Zustand?"

„Das ist ja jetzt viel schwieriger als früher. Da war das klar, da galt nur das Gefühlte und die Verantwortung für meinen Zustand hattest du. Heute weiß ich, ich bin selbst verantwortlich für alles und wenn es sich anders anfühlt, ist es was Altes, d.h. meine Anteile halten daran fest."

Das Motorrad von Martin (2. Sohn).

„Ich bin so gereizt und habe schlechte Laune, wie geht das weg?"

„Andreas will ficken, Leo mein Geld und meine Eltern stehen schon vor der Tür."

„Da sagst du nix mehr," sagt eine Jugendliche in ihr.

Therapeut: „Du musst ‚Nein' sagen, wenn ‚Nein' ist."

Hanna: „Das hilft nicht."

Antwort: „Du musst auch ‚Nein' meinen und dir ‚Nein' erlauben."

Hanna: „Das hilft nix. Dann sag ich ‚Nein' zu mir."

Jugendliche am Telefon: „Jetzt ist alles aus, ich schmeiß die Praxis und bring mich um."

Leo will mein Geld und Martin hat sich ein Motorrad gekauft für viel Geld und hat kein Geld mehr für Steuern und Versicherung.

Und dafür arbeite ich und Andreas hat noch 20 Hemden im Keller und geht davon aus, dass ich sie bügele... usw.

Ich: Auch heute erlebt sie ihre Situation so, dass ihr ‚Nein' nicht gehört wird oder sie nicht gefragt und einfach übergangen wird.

Eine deutliche Parallele zur Missbrauchssituation. Die Täter hören nicht auf ihr ‚Nein'.

Sie erlebt die Situation in ihrer Familie wie damals die Vergewaltigung durch ihren Onkel und die Cousins. Andreas, ihr Ehemann, demütigt sie, wenn er Sex mit ihr machen will. Pervers: er verführt sie nicht oder macht sie an, nein, er denunziert sie als Frau und macht solange Druck, bis sie ihre Kraft dem zu widerstehen oder auszuweichen verliert.

Sie wird getriggert dadurch und erinnert an den Onkel, der sie brutal vergewaltigt, obwohl sie zunächst noch ein kleines Mädchen war. Diese Situation zieht sich durch ihre Kindheit und Jugend. Seine beiden Söhne – ihre Cousins – sind in irgendeiner Weise darin involviert. Und heute stehen ihre beiden Söhne dafür, die einen Profit davon haben.

Alle drei, ihr Ehemann und ihre beiden Söhne hören ihr ‚Nein' nicht, wie damals der Vergewaltiger mit seinen beiden Söhnen. Sie ließen einen Schäferhund abrichten, der die Scheide des Mädchens ausleckte. Das Mädchen geriet in Todesangst und die drei sadistischen Typen hatten ihren Spaß daran.

Auch heute erlebt sie ihre „drei Kerle" oft als einen Komplott gegen sich.

Sie schreit: „Ich spende meine inneren Organe, ich halte mich nicht aus, alles ist zu viel, ich gehe zur Organspende."

Sie hat Urlaub und weiß mit sich nichts anzufangen. Sie meint, sie müsse etwas Produktives machen, etwas herstellen und hat weder eine Idee dazu, noch Lust das zu tun. Hanna hasst Hanna dafür, setzt sich unter Druck – pausenlos.

„Ach Kindchen, ruh dich aus, bald musst du wieder arbeiten." Die innere feindliche Stimme, das Introjekt, der Feind im Innern, Mutters Stimme, das Täterintrojekt – und ihr Widerstand dagegen. Sie widersetzt sich, macht ein „Du musst" daraus und „Du musst" heißt auch: gegen die elterlichen Normen, etwas Produktives, etwas Künstlerisches, etwas, was es im Elternhaus nie gab zu setzen.

Wie viele Jahre sind vergangen, in denen sie losgezogen ist in ihren Urlauben; hat Kurse besucht, später Fortbildungen gemacht, damit Mutter ihre Ruhe hat oder, um der feindlichen Stimme im Inneren zu entkommen, sie nicht wahrzunehmen, die Spaltung zu verhindern.

Innere Stimme: „Ach Kindchen ruh' dich aus, bald musst du wieder arbeiten."

Ein Anteil von Hanna erlebt dies als Druck, dem sie nicht entkommen kann. Sie muss stillsitzen und hält sich nicht aus damit. Sie richtet den Druck gegen sich.

Der Zwang alles zu verwerten, letztendlich sich selbst, richtet alles gegen sich.

Respektvoll begegnen: Spätere Reaktion darauf: Ich verkaufe meine Organe. Ich muss doch was Produktives schaffen. Mein Versuch einer Deutung?

Ein jüngerer Anteil von Hanna durchlebt diese Situation noch einmal und erfährt, wie wenig Rücksicht auf ihr ‚Nein' genommen wird. Und irgendwann, wenn niemand sie hört, richtet sie das ‚Nein' gegen sich. Sie gibt auf und sieht als Ausweg nur den eigenen Tod.

Die erwachsene Hanna kriegt mit was passiert, hat wenig Einfluss und läuft Gefahr sich dafür zu verurteilen. Sie hätte dies alles heute verhindern müssen etc. Neben der Selbstverurteilung gewahrt sie eine zweite Schiene, nämlich die, dass sie sich belohnt für das, was sie durchgestanden hat.

Das ist jetzt der Punkt Offenheit herzustellen für den Bezug zu früher, und die Täter an den Pranger zu stellen. Mit dem Ehemann steht ein Gespräch an, in dem sie ihm sagt, was sie sich wünscht beim Sex. Mit dem Sohn steht ein Gespräch an, in dem sie ihm klarmacht, dass er sie zu respektieren hat und was dazu gehört. Sie ist nicht die Gleichaltrige, mit der er sich kloppen kann. Sie ist seine Mutter und als solche muss er respektvoll mit ihr umgehen.

Im Heilungsprozess tauchen sie wieder auf, die Phantasien und Wünsche: „Ich hatte als Jugendliche nichts, nur das Allernotwendigste. Wie sehr habe ich mir damals ein apfelgrünes Häkelkleid gewünscht!"

„Ich habe mir heute Wolle gekauft, in apfelgrün und eine Häkelnadel. Ich mach mir ein apfelgrünes Häkelkleid!" So eine Jugendliche von 14. Und sie kauft Stoffe, bunte Stoffe. Lässt ihren Ideen freien Lauf, versucht ihrer Vielfalt in bunten Farben und Stoffen Ausdruck zu verleihen.

Therapeuten sagen: sie hat einen Kaufzwang. Sie lebt ihre Ideen, die sie als Jugendliche abtauchen lassen musste – mit denen sie als Jugendliche abgetaucht war.

Und sie kauft bei eBay. Sie kauft und verkauft wieder, ersteigert und trägt Pakete zur Post und holt welche ab. Mag sein: ein Suchtverhalten. Doch, gemessen an den vielen schmerzhaften Erinnerungen und Symptomen, was ist es, es macht vielen Menschen Spaß und warum soll man dem einen „Krankheitswert" beimessen?

Sie verschuldet sich nicht. Sie kauft und verkauft wie eine Schülerin, die ihr Taschengeld dafür ausgibt.

Angebahnt hatte sich diese Wiederholung einer Vergewaltigungssituation schon vor 10 Tagen. Ihr Ehemann hatte an ihrem Selbstwert gekratzt, ihr gesagt, sie sei es nicht wert in eine Luxuswohnung zu ziehen etc., so wie damals ihr Onkel ihr zu verstehen gab, wie wenig wertvoll sie für ihn und seine Familie war.

Die Parallelwelt hatte sich ihren Raum genommen und war in die Gegenwart gedrängt. Die Seele sucht ihren Ausdruck, um zur Heilung zu gelangen.

MUTTER UND HANNA

„Meine Eltern waren da, über Pfingsten, nachmittags. Ich kann das gar nicht hören, wie meine Mutter prahlt. Sie habe die Flucht aus Pommern überstanden, schlimm sei es gewesen, und sie habe keine Therapie gebraucht. Sie habe das alles allein gemanagt, sagt sie. Ich werde ihr einen Brief schreiben", sagt H.

„Ich werde ihr mitteilen, was sie mir angetan hat. Niemals war sie präsent. Ich wusste nicht, wo sie war. Sie hat getobt, geschrien und zwanghaft das Haus geputzt. Und dann plötzlich war sie weg, tagelang. Ich wusste nicht, wo sie war. Ich werde ihr mitteilen, wie das war für mich – war und bis heute noch ist – und bis in die nächste Generation reicht. Was trägt Leo davon!? Sie muss das wissen."

Mutter: Wenn ich nicht wollte, dass du lebst, dann würdest du gar nicht leben.

Hanna: „Für mich ist kein Platz in diesem Leben. Ich bin überflüssig."

Ihre Eltern sind geflohen. Sie kamen aus Pommern. Die ganze Familie war auf der Flucht, die Schwester und die Brüder der Mutter.

Heute sagt ihre Mutter: „Was wir alles erlebt haben! Heute gehen die Frauen wegen jeder Kleinigkeit zum Psychologen. Wir sind damit auch so klargekommen. Und brauchen keinen Therapeuten dafür."

Hanna hört das und denkt:

„Ja, dafür hattet ihr ja eure Kinder! An die hast du (Mutter) das weitergegeben. Und deinen Mangel kompensiert, indem du mich vorgeführt hast als das kranke Kind, das eine Zumutung für dich war. Du wolltest, dass dich die Nachbarn und Freunde teils bemitleiden ob deiner kranken Tochter, teils bewundern, wie du das hinkriegst mit deinem kranken Kind. Dabei hast du mir Schäden zugefügt, die ich sonst gar nicht gehabt hätte. Münchhausen-Stellvertreter-Syndrom nennt man das heute in der Fachsprache."

„Wann wirst du deiner Mutter das sagen?"

Zu Hanna: „Nein, du bist nicht verrückt. Du bist nicht psychotisch. Kann sein, du bist manchmal hysterisch, aber nicht psychotisch. Alles, was du sagst und ausdrückst, ist nachvollziehbar."

Am Telefon: Sie sagt, das ganze Wochenende war das so, stundenlang im Auto gesessen, gewartet, die Mama nach Hause gebracht....

Hanna: „Ich bin bei mir gar nicht angekommen. Ich falle gleich auseinander... "

Therapeutin: „Was brauchst du jetzt?"

Hanna: „Ich will nicht, dass das gleich wieder losgeht. Hast du mich noch lieb, darf ich bei Dir schlafen?"

Sagen die bedürftigen Kinderstimmen usw. bis kurz vor Mitternacht.

Therapeutin: „Das versteh ich. – Dann sag mir und bleibe erwachsen dabei, was du von mir möchtest.

Pause.

Hanna: „Versprich mir bitte, dass du dich mit kümmerst um die Gestaltung meiner arbeitsfreien Zeit?"

Therapeutin: „Ja."

Hanna: „Ich möchte dazu gehören. Ich gehöre nicht dazu. Man will mich nicht haben. Keiner will mich haben. Ich will mich nicht anbiedern. Leck mich."

12.7 Das Programm

Hanna: „Das läuft ab wie ein Programm. Und ich stehe außerhalb und gucke mir das an. Ich sehe es, es ist schrecklich, und ich kann nichts ändern."

„Hier ist Leo (der Sohn) der Auslöser. Sie sagt: „Ich bin getriggert. Er kommt mittags hier an, legt sich ins Bett und befiehlt allen, ihn nicht zu stören. Er legt sich in mein Zimmer. Und ich fühle mich schuldig, weil ich ihn nicht gut erzogen habe, weil ich mich nicht genügend um ihn gekümmert habe, weil er Drogen genommen hat und immer noch nimmt.

Und ich kann ihn nicht loslassen, weil ich viel Geld für ihn ausgegeben habe, ihm immer wieder aus der Patsche geholfen habe, mit Geld, viel Geld. Und jetzt muss doch was werden aus ihm. Ich will das unbedingt, dass er tut, was ich will. Ich könnte alles zusammenschlagen, weil der Junge nicht spurt.

Ich könnte alles zerstören und zusammenschlagen und dann bin ich in dem Programm, in dem ich mir selbst zusehe; ich beobachte, wie ich zerstöre, Täterin werde, weil ich die Schuld nicht loswerde. Ich bin gleichzeitig Beobachterin und Zerstörerin und weiß nicht wie ich daraus komme. Die einzige Lösung gibt es dann für mich, mich umzubringen, vor den Zug zu rennen, meinen Kopf zu zerschmettern, ihn an die Wand zu hauen. Es ist fürchterlich.

Ich habe dir zugehört, gestern Morgen als ich so geschrien habe und in meinem Programm war. Da habe ich das unterbrochen und dir zugehört. Ja, jedes Programm hat auch eine Pausentaste und eine für den Stopp."

Therapeut: „Von wem sprichst Du, meinst Du den Cousin, dem Leo so ähnlichsieht?"

Hanna: „Alle drei Onkels, die Brüder meiner Mutter, wohnten am Bahndamm, hatten sich drei Häuser gebaut, alle in der Nähe.

In den Ferien musste ich immer dorthin, meine Mutter wollte es so. Sie sagte, das sei gut für mich. Meine Onkels und Cousins behandelten mich wie ein Sexspielzeug."

„Und so kam es: Da ist die eine, die das erleidet, eine, die das beobachtet, eine die den Alltagskram weitermacht, also zur Schule geht etc., und eine, die mit den ganzen Emotionen umgehen muss, die den Stress abbauen muss, sich mitteilen will und schreien will, aber:

Die Jungs / Männer haben immer gesagt: „Halt bloß die Schnauze, sonst wird alles noch viel schlimmer. Wenn du jemandem was sagst, dann … vergiss es einfach."

Therapeutin: „So wie du das heute zu dir sagst: ‚Vergiss es einfach.'"

Am nächsten Tag:

Hanna: „Ja, ich bin in Altdorf, arbeiten und sage: ‚Genau für mich tue ich das, lass mich nicht unterkriegen, ich bin stolz und ich tue das, weil ich mir heute nicht auch noch alles kaputt machen lasse'.

„Nein, schon gut die Entscheidung, ich muss das hier jetzt hinkriegen mit der Arbeit."

Zwei Tage später:

Hanna: „Die ganze Woche ist das schon so, dass ich mich bloßgestellt fühle, oder die Angst davor habe. Jahrelang hatte ich immer wieder die Angst, man würde mich durchschauen, mir dahinterkommen, was für einen Murks ich hier mache in Altdorf. Auch heute: Ich bin so beschädigt, dass ich mir ein anständiges Leben verwirkt habe."

Therapeutin: „Nein, so stimmt das nicht, du bist noch so beschädigt, dass du glaubst, du hättest dir ein anständiges Leben verwirkt. Das heißt nur, dass du noch nicht alles bewältigt hast, du hast noch was zu tun. Dieses Problem ist noch nicht beseitigt."

Hanna: „Meine Mutter ist zuallererst verantwortlich für all das. Sie hätte sich kümmern müssen, hat sie nicht getan. Und wenn ich jetzt die alte Frau sehe, die sie ist?

Therapeutin: „Und wie war sie damals? Du kannst nur die ‚Mama', die sie damals war, zur Rechenschaft ziehen."

Hanna: „Dass ich nicht glücklich bin, das stört mich. Ich möchte am liebsten die Villa Kaiserbusch kaufen und die Wände bunt streichen. Und ich weiß, dass das unvernünftig ist. Wie kann ich das Haus, in dem ich lebe, vergammeln lassen? Und mir diese Villa kaufen, die riesig ist und so viel Arbeit erfordert? Das ist ein Wunsch der Kinder."

Therapeutin: „Wie denkst du das, ich meine dich? Du bist doch auf der einen Seite eher streng und rigide. Und was machst du dann mit deiner Kreativität? Oder sagen wir Vielfalt, die du den kindlichen Anteilen zuschreibst? Du siehst das so getrennt voneinander, kannst du dir vorstellen, dass die Vielfalt verschwinden kann, sich mischt mit der rigiden Struktur, so dass etwas Neues entsteht?"

Hanna: „Ja, so denke ich das bzw. mich."

Therapeutin: „Kannst du das etwas konkretisieren?"

Hanna: „Konkret kann das heißen, dass ich mich weniger schuldig fühle, mich hinstelle, dem Gegenüber begegne, statt mich zu unterwerfen. Also die Angst vor den Tätern verliere, mich nicht mehr zum Opfer mache. Also: Zusammenfügen statt zu trennen.

Therapeutin: „Also steht die Arbeit an der Angst und dem Opfersein bzw. der Ohnmacht im Vordergrund."

12.8 Der Sinn

Mindestens zwei Symptome sind noch da, die du vermutlich gar nicht als solche erkennst:

Erstens deine Selbstablehnung und vor allem die Ablehnung deines Körpers; damit verbunden deine Essstörung.

Zweitens: „Ich bringe mich um" oder mit mehr Distanz: „das „Umbringding " Was ist das? Was für eine Stimme? Mann, Frau, Kind? In welchen Situationen?"

Therapeutin: „In der letzten Arbeitsstunde in der Beratungsstelle hast du gesagt: ‚Ich lasse alles Schreckliche hier.' Das ist auch ganz gut so einen Schnitt zu machen."

Hanna: „Ich kann dann neu anfangen."

Ein weiteres Thema ist die Schuld.

Therapeutin: „Wie stellst du dir das vor, wo soll deine Schuld herkommen?"

Hanna: „Ich bin so geboren, ja durch meine Geburt.

Therapeutin: „Du warst ein Säugling... und du bist mit der Schuld geboren, weil? Was hast du gemacht? Was ist passiert?"

Hanna: „Weil dann mein Leben einen Sinn hat. Mein Leben macht keinen Sinn."

Therapeutin: „Wozu ist das gut, dass du so denkst, deinen Sinn so herstellst, was könnte passieren, wenn du sagst: „Das ist mein Leben und ich gebe mir einen Sinn?"

Keine Antwort. Vorwurfsvoll: „Ich habe nur zwei Stunden geschlafen und Wolle gekauft."

Therapeutin: „Soll ich mich jetzt schuldig fühlen?"

Hanna: „Ich hatte die Wolle gekauft und habe erkannt, dass mein Anliegen ein anderes war. Ich wollte meine Arbeit erneuern, ergänzen und neue Impulse setzen. Als mir das deutlich wurde, kam die Stimme meiner Mutter, die mich total dafür verurteilte und mir sagte, ich solle mich mit Wollestricken begnügen. Meine Erkenntnis: Die Aussichtslosigkeit". Sagt sie.

Therapeutin: „Halt stopp, so schnell sagst du „aussichtslos", kein Widersprechen, kein Kampf?"

12.8.1 Zerstören was mir wichtig ist

Hanna: „Ich komme gar nicht klar. Was mache ich jetzt?"

Therapeutin: „Sag mal genauer, was ist los"

Hanna: „Ich bin nur in Teilen da, ob bei der Arbeit oder gerade bei dir, bin ich allein, bricht alles ein und ich laufe innerlich Amok"

Therapeutin: „Was wäre, wenn du den inneren Amok nach außen tust?"

Hanna: „Dann drehe ich nur noch ab... das kannst du nicht haben und Andreas auch nicht".

Therapeutin: „So wie am Montag?"

Hanna: „Nee noch schlimmer."

Therapeutin: „Was will denn da raus und darf nicht?"

Therapeutin: „Oh je und was ist noch schlimmer?"

Hanna: „Zerstörung".

Therapeutin: „Zerstörung wovon"

Hanna: „Na alles, was mir wichtig ist... also auch die Beziehung zu dir."

Therapeutin: „Also bestrafst du dich selbst".

Hanna: „Ja soll ich".

Therapeutin: „Natürlich nicht".

Hanna: „Dann fahre ich jetzt los zu dir und bleib immer und ewig bei dir."

Therapeutin: „Warum das?"

Hanna: „Weil du dann auf mich aufpasst."

Therapeutin: „Damit du nicht wütend wirst?"

Hanna: „Damit ich nicht alles zerstöre."

Therapeutin: „Wie kommst du darauf, du könntest alles zerstören? Nur weil du wütend bist?"

Hanna: „Damit es kein anderer macht."

Therapeutin: „Macht ja heute keiner mehr.

Hanna: „Doch deine Kolleginnen in der Beratungsstelle."

Therapeutin: „Ja auf die bist du richtig wütend? Was möchtest du denen antun?"

Hanna: „Das willst du nicht wirklich wissen.

Therapeutin:" Weißt du es denn?"

Hanna: „Ja"

Therapeut: „Dann…"

Hanna: „Dann fahre ich jetzt los zu dir und bleib immer und ewig bei dir…"

Zum ersten Mal geht der Disput jetzt weiter und es bleibt nicht der kindliche Anteil, der darauf besteht: „und bleibe immer und ewig bei dir, weil du dann auf mich aufpasst, damit ich nicht alles zerstöre".

Sie sagt, sie erlebe die Situation so: Sie ist in der Herkunftsfamilie. Sie ist wütend auf die Onkel und Cousins. In der Gegenwart ist sie in der Übertragung wütend auf meine Kolleginnen. Ihre Mutter nimmt sie nicht ernst, beschwichtigt sie. Mich erlebt sie wie ihre Mutter.

An der Stelle wo sie sagt: „Zerstörung" switcht sie in die Person der Zerstörerin. Sie beginnt die Dinge um sich herum zu werfen und schreit.

Klientin: „Ich mache alles kaputt, ehe mir jemand etwas zerstört oder mich." Und switcht in ein Kind (sie will, dass sie beschützt oder geschützt wird vor ihrer eigenen Person der „Zerstörerin". Dann sagt sie als Kind: „Darf ich mitkommen, darf ich bei dir schlafen?"

Sie kommt zur Therapiestunde, sagt, sie sei völlig übermüdet, fragt mich, ob ich das mitbekommen habe, und erzählt mir die Situation aus ihrem Erleben. Sagt, ihr gehe es gut und sie habe erstmalig das Gefühl, dass es ihr besonders gut gehe mit dem Fertigmachen von angefangenen Sachen, ebenso der Hunger und die Freude auf ein gutes Essen.

„Welche Fortbildung soll ich machen?" fragt sie.

„Ich kaufe die Wolle, sortiere sie und bin erschrocken wie viel Geld ich dafür ausgebe, und es ist immer das gleiche: Ich kaufe, verkaufe, horte den größten Teil, genau so geht es mir auf der Arbeit... ich drehe mich im Kreis".

Klientin wiederholt ähnliche Beispiele.

Therapeutin: „Dann setze doch das „Im Kreis drehen" da auf den Stuhl."

Klientin: „Ja" lacht „da sitzt ein Hund, ein knurrender Hund. Dabei mag ich gar keine Hunde"

Therapeutin: „Tja, was will der von dir."

Klientin: „Versorgt werden, was Hunde so wollen. Sie beschäftigen einen den ganzen Tag".

Therapeutin: „Ja, sie begleiten einen, sie brauchen ein Herrchen."

Therapeutin: „Und wofür steht der jetzt?"

Klientin: „Für meine Selbstzweifel?"

Therapeutin: „Ja setz dich auf den Stuhl und krieg das raus."

Klientin: „Steht auf, nein das ist doch alles nichts, das bringt doch nichts, die ganze Therapie ist doch für'n Arsch, da halt ich doch nichts davon, das geht doch nicht weiter..."

(Ich erkenne den Anteil von ihr, der resigniert, eine ganze Person von ihr machte das aus und ich sehe jetzt ihren Widerstand, keinen Abbruch, die Arbeit geht weiter)

Therapeutin: „Ist der Hund noch da?"

Klientin: „Ja, ich will ihn nicht, schmeiß ihn an die Wand.

Therapeutin:" Ja du willst ihn nicht und doch ist er da."

Therapeutin: „Ja und was willst du jetzt tun?"

Klientin:" Was ich tun sollte... Pause... Ich versorge."

Am nächsten Tag:

Ein Anteil von Hanna kommt, wirkt fremd, eher jünger, etwas verschlossen, sieht bekümmert aus. Klientin sagt: „Hallo", dreht sich zur Seite, „kann ich gleich wieder gehen?"

Therapeutin: „Warum, willst du gleich wieder gehen, komm doch erst mal rein."

Hanna: „Leb wohl, ich komme nicht wieder", reicht mir die Hand, will gehen.

„Darf ich jetzt gehen?" fragt sie. (offensichtlich spricht hier ein Kind)

Therapeutin:" Ich kann dich nicht festhalten."

Hanna: „Lebwohl für immer!"

Therapeutin: „Ah ja, dann ..."

Hanna: (unentschieden) „Kann ich noch einen Kaffee haben? Ich komme nicht wieder..."

Therapeutin: „Warum nicht?"

Switch – die Erwachsene kommt, übernimmt.

Hanna: „Ich liege schon seit gestern Nachmittag im Bett und spiele mit bzw. am Computer. Ich bin seit drei Uhr wach und nur mit Compi und Wolle beschäftigt. Alles ist sinnlos, ich bringe mich um, was auch immer ich tue oder denke."

Am nächsten Tag:

Hanna lebt in der Gegenwart und sagt „ich will". Sie unterscheidet Gegenwart von der Vergangenheit und öffnet sich für die Zukunft? – könnte sie, steht noch aus. Sie sagt: „Ich will d a s – nicht mehr und nicht weniger – keine Unmengen – nicht im Überfluss – nicht anderen zuliebe – nur meins, sei es noch so klein, ich will nur diesen kleinen bunten Rock nähen und ihn anziehen – keinen Nähkurs, keine Perfektion, keine Schneiderin – nur diesen kleinen, bunten Sommerrock.

Stunden später:

Hanna am Telefon: „Ich liege schon seit gestern Nachmittag im Bett und spiele am Computer. Ich bin seit drei Uhr wach und mit PC und Wolle beschäftigt. Alles ist sinnlos. Ich bringe mich um. Was auch immer ich tue oder denke ist begleitet von diesen Gedanken."

Therapeutin: „Weißt du wofür das steht bzw. wozu du das tust? Wozu beschäftigst du dich mit der Wolle und mit dem Computer? Mit den Käufen bei Ebay und mit dem Essen? Mit den Stoffen und mit dem Stricken?"

Hanna: „Nein." Ganz vage fragend: „Hat vielleicht mit dem sexuellen Missbrauch zu tun? – Muss jetzt gehen. Hast du noch einen Termin für mich?"

Ich vereinbare einen Termin für ein persönliches Gespräch mit ihr.

Sie kommt als Erwachsene, sagt, sie wisse um die Existenz der beiden Innenpersonen, sie sei schon seit längerer Zeit von beiden Themen bzw. Innenpersonen bestimmt.

Therapeutin: „Weißt du, was in deinem Leben passiert ist, dass beide Anteile da sind und ihre Berechtigung haben?"

Hanna: „Nein, das weiß ich nicht. Ich weiß überhaupt nicht, was in der elterlichen Wohnung passiert ist. Wenn ich dahin schaue, sehe ich nur dunkel und kalt."

Therapeutin: „Weißt du, damals als du kamst, waren viele kindliche Innenpersonen da, die fast alle überwiegend von dem sexuellen Missbrauch deiner Mutter an dir betroffen waren."

Hanna: „So ganz vage und dunkel, so als Ahnung ist das da."

Therapeutin: „Wie geht es dir, wenn ich das jetzt sage?"

Hanna: „Hm tja, iss ja so, schon ok."

Wechselt das Thema, macht Small Talk.

Tage später kommt sie zum Termin:

Hanna: „Ich möchte eine Familienaufstellung machen, will selber sehen, was so läuft in Familien. Ich habe mich bereits angemeldet und gehe heute Nachmittag in eine Veranstaltung."

Therapeutin: „Du kannst das tun, vergiss nicht dich zu schützen"

Hanna: „Ich habe mich bereits erkundigt. Ich kann bedingungslos teilnehmen und ich kann das unterbrechen, wenn es mir zu arg wird."

Zwei Tage später:

„Ich habe das mitgemacht und ich war gefragt, mich als Stellvertreter in eine Rolle zu begeben. Ich sah mir das an: eine hochgradig magersüchtige Frau suchte einen Stellvertreter für sich. Sie solle sich auf den Boden legen, sich in die Rolle hineinversetzen und sagen, was sie fühlt.

Hanna sagt: „Ich konnte das klar sagen, das ginge gar nicht für mich, das könne ich nicht tun."

Der Leiter war einverstanden.

Am übernächsten Tag trifft sie eine Kollegin aus ihrer Gruppe, erzählt ihr die Begebenheit mit der Familienaufstellung. Die Kollegin ist empört:

„Das darf man gar nicht, das geht nicht, du darfst so eine Arbeit nicht unterbrechen."

Hanna sagt: „Für mich brach alles zusammen. Von jetzt auf gleich fühlte ich mich als das Opfer. Ich war zu nichts mehr imstande, hatte große Mühe meine Arbeit zu tun, machte sie trotzdem. Ich brauchte zwei Tage, um für mich wieder Klarheit zu gewinnen und habe das geschafft. Ich bin stolz". Sagt sie.

„Ich wollte mich der Situation nicht ausliefern, mich zum Opfer machen und bin durch meine Kollegin, die ich als meine Mutter erlebte, dann doch in die Situation eines Opfers geraten."

„Ich bin so wie der andere mich haben will. Noch heute bin ich wie der andere mich haben will. Ich mache mich zum Opfer des anderen".

Z.B.: „Ich treffe mich mit Angelika. Wir vereinbaren ein Treffen, damit begann es. Dann sagte sie vor dem nächsten Treffen, ihr Auto sei kaputt, ob wir mit meinem fahren könnten und ich auch fahre. Ich sagte: „Ja wir machen das". Wir trafen uns regelmäßig. Und regelmäßig fuhren wir mit meinem Auto. Ich als Fahrer und sie fuhr mit. Immer häufiger bestimmte Angelika das Ziel, die Zeit und das Anliegen. Ich folgte ihr und immer häufiger fühlte ich mich ausgenutzt. Sie ist wie alle Menschen, die ich kennengelernt habe, sie nutzt mich aus. Ich muss so sein, wie der andere mich haben will, sonst werde ich verlassen. Ich kann das zurückverfolgen Freunde, Chefs usw. bis zu meiner Mutter. Ich musste so sein wie sie mich haben wollte, sonst bestrafte sie mich mit Liebesentzug. Ich musste mich zur Verfügung stellen, wie heute bei Angelika. Angelika macht mich zu ihrem Fahrer und ich stelle mich zur Verfügung dafür. Ich fühle mich benutzt, d. h. ich lasse mich benutzen, ich werde bewegungslos. Mein Körper wird starr. Ich liege im Bett und bewege mich nicht mehr – morgens um 10.30 Uhr."

„Ich kann das zurückverfolgen: Alle meine Beziehungen verliefen so. Ich war bereit, das zu tun, was der andere von mir wollte."

„Immer dann, wenn ich mich in den Kontakten immer mehr zurücknahm, hörte ich nichts mehr von meinem Gegenüber, oder ich ließ nichts mehr von mir hören. Ich blieb allein und glaubte, was meine Mutter mir gesagt hatte: „Du kannst nicht mit Menschen umgehen, du bleibst allein und musst bei mir bleiben."

„Ich musste mich zur Verfügung stellen. Was immer meine Mutter von mir wollte oder mit mir tun wollte. Ich tat es. Ich stellte mich zur Verfügung. Das war die einzige Möglichkeit, überhaupt etwas von ihr zu bekommen. Ich stimmte zu. Ich musste so sein, wie sie mich haben wollte. Ich war zuständig für ihre Bedürfnisbefriedigung und stellte mich zur Verfügung, um etwas von ihr zu bekommen".

Sie richtet sich auf: „Du bist da. Die Beziehung zu dir habe ich aufrechterhalten und Andreas ist auch noch da, und Sergio (Supervisor).

Ihr seid noch da, obwohl ich bereit war, das zu tun, was ihr von mir wolltet. Ihr seid noch da und ich darf so sein wie ich bin."

Das ist Bindungserfahrung. Die Erfahrung, dass eine Person bleibt, unabhängig von der Befindlichkeit und Lebenssituation des Menschen. Hanna drückte ihre Erfahrung, dass es für sie niemals so war so aus: „Du hältst mich nicht aus, keiner hält mich aus. Ich werde verlassen, du verlässt mich, ich muss so sein, wie der andere mich haben will, sonst werde ich verlassen."

Am nächsten Tag sendet sie Kurznachrichten: „So jetzt bringe ich mich um. Brauche dann auch keinen Termin mehr. Hab versucht mich aufzuhängen – gehe jetzt ins Krankenhaus".

Fünf Minuten später: „War ja klar, dass du mir nicht hilfst"

Ich rufe sie an, erreiche nach ca. 30 Minuten die Erwachsene.

Letzte Nachricht: „Ich liege jetzt im Bett und esse ganz viel Süßes".

Ich frage sie: „Was wolltest du zeigen mit deinem Suizidversuch?"

„Alles erschien mir sinnlos, aussichtslos. Ich wollte nicht wirklich zum Malen zu Dieter fahren und brauchte ganz viel Mut, um ihm das abzusagen. Und dann sagtest du auch noch, ich solle lieber fahren, ehe ich mich am Wochenende wieder mit Andreas streite. Für mich war das aussichtslos, du hast nicht zu mir gestanden und ich sah keine Möglichkeit".

Jetzt nach dem Wochenende mit Dieter sagt sie: „Ich wollte alle meine Anteile in ihrer Funktion malen. Habe begonnen mit dem Kind in rosa Farben. Und dann kam Dieter. Das musst du so und so machen. Er nimmt mir den Pinsel aus der Hand und beginnt in meinem Bild zu malen. Ich hasse es, ich hasse es. Wenn er oder überhaupt jemand in meine Bilder malt und über das verfügt, was meins ist. Das Ganze ist so ähnlich wie bei meiner Mutter. Auch sie ließ oder lässt nicht zu, dass ich mich hinstelle und meins mache oder zeige und sage: Das bin ich. Dies ist meins".

Krankheit und Bedrohung

„Die DIS ist eine lebensbedrohliche Erkrankung", sagen die Mediziner.

Therapeutin: „Das stimmt doch oder etwa nicht?"

Hanna: „Das sagst du mir jetzt nach all den Jahren. Die ganze Zeit hast du gesagt, deine Gesundheit zählt. Ich soll auf das bauen, was ich kann. Und jetzt das! Da kann ich ja alles schmeißen: Die Praxis, meine ganze Arbeit, meine Fortbildungen, alles im Arsch!"

Therapeutin: „Stopp jetzt, so geht das nicht, was hast du dagegen? Wenn du krank bist, kannst du gesundwerden."

Hanna: „Nein so ist das nicht, wenn ich meinen Kolleginnen sage, ich habe eine dissoziative Identitätsstörung, was meinst du, wie schnell ich weg bin vom Fenster. Du musst die reden hören, was sie sagen über Menschen, die die gleiche Krankheit haben wie ich!

Nein so einfach kommst du nicht davon!! Du musst dir schon treu bleiben und nicht nach einer Fortbildung die Seiten wechseln. Ich habe keine schwere Krankheit, ich werde die Bedrohungen aus meiner Kindheit und Jugend nicht los. Ich tue so, als würde ich heute noch in ständiger Bedrohung und Angst leben. Das ist etwas anderes als eine Krankheit."

Sie plant einen Urlaub an der Nordsee. Sie hat alles vorbereitet und erlebt sich in Trauma-Symptomen, in Erinnerungen, die ihre Präsenz behindern können.

„Ich kann nicht in Urlaub fahren... jetzt sind Erinnerungen da, wo ich mal weggeschickt wurde in eine Freizeit... verschickt... ich wollte das gar nicht... ich wollte da nicht hin. Mit meiner Tante sollte ich da hin zu einem Flötenkurs ....

Therapeutin: „Man hat über dich verfügt und heute entscheidest du, nur du entscheidest, wie du deinen Urlaub verbringst".

Am nächsten Tag: „Ich sitze jetzt im Zug. Ein Fahrrad habe ich mir auch bestellt.

Ich habe mir immer wieder bewusstgemacht, dass das eine Erinnerung ist... so wie wir es besprochen haben. Das braucht Gehirnkapazität, Konzentration und so was ist dann sehr eingeschränkt. Hätte fast vergessen, die Steuer zu überweisen."

Therapeutin: „Du hast das geschafft, so dass du jetzt einfach so im Zug sitzen kannst. Gute Fahrt".

Hanna: „Ich habe einen kleinen Kater aus dem Tierheim geholt. Er ist bei uns eingezogen, ist schon sehr zutraulich, ist ständig in meiner Nähe, der Gedanke macht mir Stress. Ein Haustier! Das passt doch gar nicht zu mir. – Niemals wollte ich ein Haustier"!

Therapeutin: „Das ist das Bild, das du von dir hast. ‚Ein Haustier passt nicht zu mir.! Und was ist wirklich? Macht dir das Spaß mit ihm zu spielen?"

Hanna: „Ja der hat ein ganzes Wollknäuel ausgerollt. Und der macht mir Stress. Ich schaffe das nicht mit ihm."

Therapeutin: „Wie lange denkst du das schon, das „Ich schaff das nicht"

Hanna: Weiß nicht, immer.

Therapeutin: Was heißt das, was schaffst du nicht?

Hanna: „Weiß nicht". (Sitzt da, sieht sehr weit weg aus).

Therapeutin: „Mir fällt ein: Du hast öfter gesagt, du lebst vier Leben gleichzeitig".

Hanna: „Oder noch mehr, ja"

Therapeutin: „Und kannst du das schaffen, vier Leben gleichzeitig zu leben? Ich könnte das nicht".

Hanna, weit weg: „Ja das kommt mir so fremd vor mit dem Kater, so als wäre ich das gar nicht. Meine Gelenke schmerzen so, die Handgelenke, und die Fußgelenke. Kann das sein, dass das vom Stress kommt?"

Therapeutin: „Ja möglich".

Hanna: „Was macht Sinn?"

Therapeutin: „Für dich macht Sinn, wenn du die Täter benennst und dich mit ihnen auseinandersetzt".

Hanna: „Selbstbestimmtheit, macht Sinn für mich. Selbstbestimmt leben".

Therapeutin: „Ja, das gehört dazu. Ich meine die Selbstbestimmtheit wächst mit der Auseinandersetzung und umgekehrt".

Hanna: „Der zweite Satz, der mich beherrscht, ich schaff das nicht".

Therapeutin: „Was meinst du damit, was schaffst du nicht? Was fühlst du, wenn du das sagst? Wo bist du, wie alt ist dieser Satz?"

Hanna: „Der war schon immer da. So viele Fragen und du interessierst dich gar nicht für mich. Du kannst nur Fragen stellen. Ich bin dir doch gleichgültig."

Therapeutin: „Nein natürlich nicht. Ich bin bei dir. Was möchtest du jetzt von mir?"

Hanna: „Die kleine Katze will ich gar nicht abgeben. Die fühlt sich ganz wohl bei mir."

Therapeutin: „Ja das glaube ich dir. Die fühlt sich ganz wohl bei dir. Du versorgst sie gut und weißt, was sie braucht. Von deinen Söhnen weißt du das auch. Und du selbst, versorgst du dich auch gut?"

Hanna: (geht weit weg) Nein. Ich schaff das nicht.

Therapeutin: „Du siehst verhungert aus. Wer soll dich versorgen, wenn du es nicht tust?"

Hanna: „Wenn ich mich versorge, dann kann ich nicht mehr arbeiten gehen.

Therapeutin: „Nein so geht das nicht. Du musst zuerst dich versorgen, und dann die Mandanten und die kleine Katze. Du musst Prioritäten setzen".

Klientin geht weiter weg.

Therapeutin: „Hallo Hanna, wo bist du jetzt?"

Hanna: „Weiß nicht. Von dir bekomme ich nichts. Du schreist mich immer an, machst mir Vorwürfe".

Therapeutin: „Wo bist du da? Bei deiner Mama? Von ihr bekommst du nichts, das war schon damals so. Mach du das selbst, du kannst das viel besser."

Hanna: „Der Kater macht was er will. Ich kann ihn nicht stoppen."

Therapeutin: „Das musst du sogar, du kannst ihn doch nicht machen lassen, was er will, das tut ihm nicht gut. Dann musst du ihn weggeben. Du kannst nicht zulassen, dass er dein Leben bestimmt. Das ist ein Tier und darf nicht über dich bestimmen."

Hanna: „Du sagst immer sofort, ich soll ihn weggeben oder die Mandanten wegschicken." (trotzig).

Therapeutin: „Ja erlebst du das so?"

Hanna weint. „Ich wollte, dass jemand in meiner Nähe ist. Ich habe mir so sehr ein Baby gewünscht. Ich wollte erleben wie so ein Leben um mich herum ist. Ich wollte so gern meine Kinder als Baby erleben. Ich habe so wenig von ihnen mitbekommen. Ich habe sie geboren und dann war ich meistens gar nicht da, nicht präsent, meine ich.

„Niemals," so schluchzt sie, „habe ich meine Kinder gesehen, meine leiblichen Kinder als sie klein waren. Ich habe sie nicht gesehen, als sie klein waren. Ich habe sie nicht gesehen, wie sie krabbelten, anfingen zu sprechen, in den Arm genommen werden wollten. Es tut so weh. Ich habe sie geboren, sie zur Welt gebracht, sie gewickelt, sie genährt und weiß es nicht mehr. Ich habe das alles getan, ohne es bewusst getan zu haben."

Therapeutin: „Oh das verstehe ich. Du musst maßlos traurig sein."

Hanna weint, so hat sie noch nie geweint. Seit ich sie kenne, hatte sie ein klägliches Kinderweinen. Welche Bedeutung hat der kleine Kater für sie?

Ich frage sie das. „Ich habe den kleinen Kater nicht abgegeben", sagt sie. „Er steht für die Lebendigkeit der kleinen Kinder um mich herum, meiner Kinder."

Ich dirigiere den kleinen Kater. Begrenze ihn, zeige ihm wo er sich aufhalten darf, wo nicht".

„Du nimmst das in die Hand: Du musst nicht so sein wie der andere dich haben will, du bestimmst."

Zwei Tage später: „Ich schaff das nicht mit dem Kater."

„Was ist passiert, was meinst du damit?"

„Der macht was er will, springt mir auf den Kopf, auf den Badewannenrand, und ich denke dann, der fällt jetzt ins Wasser. Der springt in der Wohnung herum, auf den Tisch und überall hin."

„Er erinnert mich an die Unberechenbarkeit meiner Mutter. Ich kann und konnte mir ein Leben mit meiner Mutter nicht vorstellen. Der Gedanke mich umzubringen drängt sich dann immer wieder auf. Das schaffe ich nicht. Und ich will und muss es nicht schaffen. Ich schaffe, was ich schaffen will. Vieles muss und kann ich nicht schaffen. Ich entscheide. Ich bringe den Kater zurück ins Tierheim und hole mir eine kleine beschädigte Katze, nenne sie „Pussy" und sie wird meine „Trauma-Katze" – vorübergehend. Sie spiegelt mir den eigenen Schmerz meiner Vergangenheit – nicht nur den Schmerz, sie zeigt mir auch wie sie und ich mit ihren Verletzungen umgehen kann und wie sie sich trotzdem behauptet.

Hanna stellt ihre Bilder aus.

Lange Zeit führte sie die Auseinandersetzung: „Entweder ich zerstöre alles, gebe das Malen auf, entsorge meine Bilder. Oder ich tue, was mir „mein Mallehrer Dieter" empfiehlt. Ich stelle meine Bilder aus und höre, was mir die Zuschauer sagen".

„Doch", so sagt sie wenig später, das hieße meinen eigenen Prozess zu zerstören.

Alles zu zerstören hieße für mich, so wütend zu werden, dass ich alles kaputt mache, so dass es nie wiederauftaucht. Das zu tun, was mir mein „Mallehrer Dieter" empfiehlt wäre das gleiche wie meiner Mutter zu folgen.

„Mir geht es darum, mit meiner Wut umzugehen. Ich male ein Bild und weiß, ich muss es zerstören". „Du bist dann wütend, kann das sein?" „Ja, wahrscheinlich. Ich zerstöre dann. Ich wische alles weg von dem Bild, oder ich nehme einen Schrubber und schrubbe darüber bis eine Fläche entsteht. Ich tue das körperlich bis ich dann neu beginnen kann und das Bild dann entsteht".

„Also, wenn ich dich richtig verstehe, lässt du das Alte erst verschwinden und schaffst dann ein ganz neues Bild." „Nein, ich lass das Alte nicht total verschwinden, es bleibt was übrig – zumindest die Fläche, oder der Hintergrund, die Figur erschaffe ich dann neu."

„Für Perls ist „Zerstören" die heiße Wut, weil sie mit Lust verbunden ist. Es ist der Genuss am Aufnehmen, Zerkleinern und Assimilieren und dadurch am Herstellen neuer Qualitäten, von Stoffen, es ist ein kreativer Prozess." (E. Garbe, a.a.O., S. 83.)

Ich komme zur Ausstellungseröffnung. Ich bin erstaunt. Ich sehe ihre Bilder, ich sehe die Titel ihrer Bilder. Ich erkenne in den Titeln und den Bildern ihre Auseinandersetzung. Alles beginnt mit dem Titel: „Die Weggabelung". Mit der Frage: Welchen Weg will ich gehen? Gehe ich den Weg ins Leben? Gehe ich den Weg in die Isolation?

Als nächstes sehe ich das Bild: „Die Verirrung"

Hanna sagt dazu:" Die Verwirrung" muss es heißen.

Sie hatte befürchtet, die Ausstellung sei für jeden anderen uninteressant. Sie ist überrascht. Viele kamen, Freunde, ihre Eltern und Bekannte ihrer Familie und ich.

Für sie gab es kein „Entweder – Oder" und kein „Aber". Alles fügte sich zusammen und wurde zu einem UND.

„Ich habe mich entblößt und muss mich nicht länger verstecken." Sagt Hanna.

Einige Wochen später Hanna kommt zum Gespräch: „Ich habe heute kein Thema und könnte jetzt gehen".

Therapeut „Was heißt das? Was meinst du damit? " Hanna: „Ich meine, ich bin dadurch und ich möchte meine Stunden reduzieren auf eine in der Woche". Therapeutin: „Ich bin damit einverstanden. Du entscheidest wie du weitergehst." „Ja" , sagt sie, das ist gut. Ich erinnere mich an die Gruppenstunde, in der ich meiner inneren Weisheit begegnet bin. Die alte Frau, die ich selbst bin, hat mit damals gesagt: „Geh den Weg zurück und geh ihn dann neu. Das habe ich getan. Es war ein langer Weg mit vielen Irrwegen. Ich musste sie gehen und ausprobieren bis jetzt und nun gehe ich allein weiter. Alles ist gut.

Dank

Zuallererst danke ich den Frauen, die sich Anfang der „Neunziger" mit ihren Geschichten und Erfahrungen in der Beratungsstelle für Frauen zusammenfanden und Protest gegen Psychiatrisierung und Isolation antraten. Ohne sie wäre dies Buch nicht zustande gekommen.

Darüberhinaus danke ich meinen Kolleginnen, die die Arbeit mitgetragen und den Rahmen hierfür zur Verfügung gestellt haben.

Mein Dank gilt besonders meiner Freundin und Mitbewohnerin Hilde, die beinahe von Beginn an den Prozess mitverfolgt hat. Aus ihrer Distanz zu dem Thema hat sie mir wertvolle Hinweise gegeben.

Ein großer Dank geht weiterhin an meine Freundinnen und Freunde. Gabi, die unermüdlich alle Texte geschrieben und korrigiert hat. Andrea, die mit ihrem organisatorischen Talent mitgewirkt hat, Texte an die richtige Stelle gebracht, und Vieles in den Anhang gestellt hat. Und vor allem Peter, der Computer- und Druckexperte, der so kompetent und professionell dafür gesorgt hat, dass das Buch in dieser Form erscheinen kann.

Anhang

Der Prozess der Korrespondenz: Die Beziehungen der einzelnen Teilpersönlichkeiten untereinander

Neben der Beziehung der Klientin zur [Therapeutin] bzw. der Therapeutin zur Klientin ist bei multiplen Klientinnen die Beziehung der Innenpersonen zueinander wichtig, also ein wesentliches Thema in der Therapie. Sie bekommen Raum sich zu zeigen und zu äußern. Es werden Bedingungen geschaffen, dass sie in einen Dialog miteinander treten können.

Unterschied zu Klientinnen: Multiple müssen sich nicht erst identifizieren, in der Person sind schon Identitäten vorhanden, sie müssen die Möglichkeit bekommen, nach außen für die Klientin sichtbar und erlebbar zu werden. Sonst ist keine Integration möglich, wenn die einzelnen Anteile nicht einzeln betrachtet werden.

Die Differenzierung ist immer dialektisch in Bezug zur Integration. Wo keine Differenzierung ist, kann nichts integriert werden. Integration aber macht wieder keine Differenzierung möglich *(Petzold, 1999, S. 318)*

Ganzheit entsteht, wenn sie, die Betroffene, zusammenfügt, sie einem süßen Sog folgt, der sie leitet, das ENTWEDER/ODER durch ein UND zu ersetzen. (Die Leserin/ der Leser möge das ausprobieren.)

Das Versprechen, das sie sich selbst gibt. Sie stärkt sich, wenn sie dem folgt. Aus Annahme, Erlaubnis, Trost und Verständnis besteht häufig der „Leim", der alle Puzzleteile zusammenfügt.

Ich mag mich, und Du magst mich, der Weg ist begleitet von Neugierigsein, Achtsamkeit, sehen, was mir begegnet, Gewohnheiten aufbauen, z.B. jeden Tag einige Schritte gehen, links rechts links rechts, in die Hände klatschen, das fügt die Hirnhälften zusammen.

Dissoziation

Verselbständigt sich die dissoziative Abwehr, so kann sie auch nach Beendigung der traumatischen Umstände bestehen bleiben. Dies kann zur Herausbildung getrennter Persönlichkeitszustände führen, die sich zu eigenen Identitäten entwickeln. Ernste Beeinträchtigungen der Gesundheit und bei sozialen Aktivitäten können die Folge sein.

Das Mädchen dissoziiert – ist in einer Art Trancezustand. Das Erlebnis ist nicht mehr erinnerbar. Taucht dann eine neue Situation auf, in der das Kind gefordert ist, z.B. Lehrer oder Mutter spricht das Kind an, es muss reagieren – in dieser Situation kommt dann eine Person, die sich auskennt, u.U. auch eine neue Person an die Oberfläche, wenn die Situation bedrohlich ist, die die Situation managt.

Es können auch bedrohliche Erinnerungen, Gedanken sein, auf die das Kind sich in einen Traumazustand versenkt und eine Person nach vorne kommt, die nichts mit der bedrohlichen Situation zu tun hat.

Dissoziation ist auf jeden Fall ein Schutz.

Da, wo die Hand größer ist als der Körper des Kindes, sagt M.

Ja, Dissoziation ist ein Schutz.

Wie wäre es, in die Richtung zu denken?

Was bliebe übrig von der Persönlichkeitsstörung? Statt zu manifestieren, offen zu bleiben und zu denken: Wovor muss sich die Kleine so schützen? Auf wie vielen unterschiedlichen Ebenen ist Schutz angesagt? Im Kontakt mit Menschen, die ihr nahe sind? Im öffentlichen Raum?

Nicht nur traumatische Erinnerungen und Affekte werden dissoziiert, sondern auch die gesunden kindlichen Wünsche, die es an die Beziehung zu den Eltern hat (Wünsche nach Empathie, Trost, Bewunderung, Sicherheit, Selbstdifferenzierung etc. und die damit verbundenen Wünsche und Phantasien werden ebenfalls abgespalten. D.h. wenn eine Beziehung traumatisierend ist, kann ein Kind in dieser Beziehung seine tiefsten Sehnsüchte und Wünsche nicht befriedigen und die Sehnsüchte und Wünsche müssen abtauchen, genau wie das traumatische Erlebnis selbst.

Trauma (griech.) – Verletzung, Wunde

Medizin meint die körperliche Verwundung.

Ein Trauma entsteht im Leben eines Menschen aus einem Ereignis, das vom individuellen Organismus als lebensbedrohlich bewertet wurde und mit überwältigenden Gefühlen von Angst und Hilflosigkeit verbunden war und deswegen nicht zeitgleich verarbeitet werden konnte und auch in der Folgezeit nicht genügend Gesundheit und Wohlwollen anderer Menschen, Nahrung und Geborgenheit für den betroffenen Menschen vorhanden waren.

Eine Traumatisierung ist nicht aus dem Ereignis selbst abzuleiten. Erst wenn über längere Zeit keine Möglichkeit besteht Erfahrungen zu verarbeiten, die während des Ereignisses nicht integriert werden konnten, spricht man von einem Trauma.

Also: wichtiger als die Betrachtung des Ereignisses ist die Betrachtung der betroffenen Menschen, deren Alter und Verarbeitungsmöglichkeiten.

Im Gehirn steht der Hippocampus. Der Hippocampus oder das Seepferdchen steht für die Bedeutungsgebung. Er verbindet eingehende und ausgehende Ereignisse. Bei dieser Einordnung geht es hauptsächlich um die Kategorie Raum und Zeit.

Der Hippocampus in Verbindung mit dem Neocortex (Großhirnrinde) machen es möglich, dass eingehende Informationen mit schon vorhandenen verknüpft werden können. Alles Neue wir mit dem abgeglichen, was schon erlebt wurde.

Die Amygdala ist die Alarmanlage unseres Gehirns. Sie bekommt ihre Befehle über den Hypothalamus und ist darüber verbunden mit den Regulationsmechanismen für Herzschlag, Atmung, Blutdruck, Verdauung, Stoffwechsel, Reflex, Angstausdruck, Magen/Darmreaktionen und das Produktionszentrum für die Botenstoffe (Neurotransmitter), die uns wacher und flinker machen. Die Amygdala ist die Alarmanlage unseres Gehirns, sie überprüft jeden eintreffenden Reiz auf seine Gefährlichkeit.

Die Amygdala in Verbindung mit dem Hippocampus schaffen Verbindungen zwischen dem Erlebten und den damit verbundenen Gefühlen. (Z.B. Das Kind fasst auf ein heißes Bügeleisen. Es verbrennt seinen Finger.)

Der Mandelkern trägt dazu bei, dass wir unangenehme Erlebnisse sehr rasch lernen und in Zukunft vermeiden. (Das Kind lernt, das heiße Eisen zu vermeiden). Informationen werden nur dann an die höher gelegenen Hirnregionen weitergeleitet, wenn das System (der Körper Mensch) nicht bedroht scheint.

Das Amygdalasystem arbeitet gleich von Geburt an.

Das Hippocampussystem wird erst im Alter zwischen 2 und 3 Jahren funktionstüchtig, richtig ausgereift ist es erst im Alter ab dem 12. Lebensjahr.

Definition Trauma

Trauma (Verletzung)

Wenn ein Kind (Mensch) einem Ereignis ausgesetzt ist, das die Verarbeitungsfähigkeit seines Gehirns und seiner seelischen Mechanismen hochgradig überfordert, spricht man von einem seelischen Trauma, wenn eine extreme Bedrohung im Raume steht, steigt der Adrenalinspiegel, der Mensch ist hochgradig erregt und versucht entweder, der Gefahr mit Kampf zu begegnen oder ihr durch Flucht zu entkommen.

Wenn beides nicht möglich ist, also nicht mehr nach außen gehandelt werden kann, überwiegen im Erleben Ohnmacht, Panik und Hilflosigkeit. Das selbstverständliche Vertrauen in die Unverletzlichkeit der eigenen Person und in die Vertrauenswürdigkeit und Tragfähigkeit der Welt wird dadurch schwerwiegend und nachhaltig erschüttert.

Nach einem solchen Ereignis sind Menschen normalerweise tief beeinträchtigt, das heißt: Es kommt zu einer akuten Belastungsreaktion, die über viele Wochen anhalten kann. Bei den meisten Menschen kommt es danach zur Spontanheilung. Das Trauma verblasst allmählich zu einer Erinnerung und wird zu einem Teil der eigenen Geschichte.

Sind aber Kinder schweren und chronischen Traumatisierungen – wie langjähriger sadistischer Gewalt ausgesetzt, so beginnen sie die lebensbedrohliche Situation von sich abzuspalten, d.h. zu dissoziieren, statt sie zu assoziieren. In der lebensbedrohlichen Situation spaltet das Kind die Traumainhalte, also das was ihm geschehen ist, ab, damit es in anderen Lebensbereichen funktionieren kann.

Ich möchte den Zustand der Dissoziation kurz erläutern:

Dissoziation ist ein mentaler Prozess. Dabei werden Gedanken, Gefühle, Empfindungen, Erinnerungen oder Handlungen aus dem eigenen Erleben entfernt, also abgespalten – als nicht zu sich gehörig – erlebt, die üblicherweise miteinander verbunden, also assoziiert werden.

Viele Experten sind der Meinung, dass Dissoziation in unterschiedlichen Ausprägungsformen existiert. Leichte dissoziative Erfahrungen sind den meisten Menschen vertraut: wie z.B. Tagträumen, oder sich in einem Buch oder Film verlieren. All diese Erfahrungen haben den Verlust der Aufmerksamkeit für die unmittelbare Umgebung gemeinsam.

Eine schwere dissoziative Erfahrung ist die multiple Persönlichkeitsstörung oder auch dissoziative Identitätsstörung. Sie zeichnet sich durch ihre Komplexität und Kontinuität aus. Starke Dissoziation kann eine Reaktion auf überwältigende Traumata sein. So können Menschen während einer traumatischen Erfahrung die Erinnerung an Ort und Umstände der Traumata vom kontinuierlichen Gedächtnis abspalten, also dissoziieren. Das ist eine vorübergehende mentale Flucht vor Angst und Schmerz, die insbesondere bei Todesnaherfahrungen auftritt. U. Umständen bildet sich die Dissoziation nicht zurück. Wie dies bei der DIS der Fall ist. (Genauer wird hierüber im Abschnitt XX zu berichten sein.)

Multiple Persönlichkeitsstörung ist eine Überlebensstrategie.

Experten sagen, je länger die sexualisierte Gewalt, die Misshandlung oder die Folter bestehen bleiben, umso deutlicher sind die inneren Persönlichkeiten voneinander abgegrenzt. Meist wissen sie bis ins Erwachsenenalter nicht voneinander. Eine Person ist nach außen präsent, regelt den Alltag, putzt z.B. die Schuhe. Sie ist dominant. Im nächsten Moment übernimmt eine andere Person die Präsenz. Ihr Anliegen ist ein anderes: Sie weiß nicht um die zu putzenden Schuhe, sondern geht z. B. zum Telefon oder einen Brief schreiben.

Jede Tat, in der eine Person des gesamten Systems nicht präsent ist, erscheint ihr später als eine Erinnerungslücke, eine Amnesie.

Es bedeutet z.B. sich an Orten wiederzufinden, ohne zu wissen, wie man dorthin gekommen ist. Ohne zu wissen, was man dort will und wo man ist. Zuerst muss man sich orientieren. Monique eine betroffene Frau (sie wird im folgenden Abschnitt näher beschrieben) sitzt in der Schule und weiß nicht, welches Buch sie aufschlagen soll, welche Seite, welches Datum. Sie geht nach der Schule zum Kiosk und kauft sich eine Zeitung, um Datum und Jahreszahl zu wissen. Sie ist erstaunt als sie feststellt, dass drei Jahre vergangen sind seit sie zum letzten Mal präsent in der Schule war. Sie wird auf der Straße von Leuten gegrüßt, die sie noch nie gesehen hat. Es kommt vor, dass mitten in einer Unterhaltung mit einem anderen Menschen eine andere Persönlichkeit „präsent wird" und keine Orientierung von Zeit und Raum hat. Sie lebt in ständiger Angst, weil jederzeit ein innerer oder äußerer Reiz zu einem Personenwechsel (switch) führen kann.

– Auch folgende Vorstellungen können diese Angst schüren:
– Im Tagebuch Eintragungen mit fremder Handschrift vorzufinden.
– Kleidungsstücke im Schrank zu finden, die überhaupt nicht dem eigenen Geschmack entsprechen, so z.B. Männerbekleidung.
– Kinderspielzeug im Schrank zu finden, wofür sie sich schämt.
– Als notorische Lügnerin beschimpft zu werden, weil sie abstreitet, etwas getan zu haben.
– Permanente Einigungsprozesse mit den übrigen „Personen" im System über ganz alltägliche Dinge zu vollziehen (z.B. darüber, was für eine Mahlzeit gekocht wird, was angezogen wird.)
– Oder wie der Tag zeitlich eingeteilt wird.

Ängste und Unsicherheiten zeigen sich auf unterschiedlichen Ebenen. Zum einen die oben bezeichneten Ängste, die aus dem Viele-Sein resultieren, zum anderen die tieferliegenden Ängste vor Tätern oder vor deren suggerierten Botschaften.

Heute ist die DIS eine anerkannte Störung, für die es einen Diagnoseschlüssel und therapeutische Maßnahmen gibt und sie wird immer weniger mit der Schizophrenie und Psychiatrieaufenthalten in Verbindung gebracht. Das hat zur Folge, dass auch die Betroffenen selbstverständlicher mit ihrer Störung umgehen könnten und sich nicht unbedingt als doppelt „verrückt" abgestempelt vorkommen. Zum einen stellt sich für sie ganz früh in ihrer Sozialisation die Frage: „Bin ich verrückt?", wenn sie sich ihres Andersseins gewahr werden; zum zweiten wurde dies auch von außen bestätigt bei Arztbesuchen und in Klinikaufenthalten, in der Schule und wo immer sie sich verhalten mussten, so dass sie sich nicht mehr abgestempelt fühlen, weil ihnen schon früher geholfen werden kann.

Definition: Rituelle Gewalt

Rituelle Gewalt ist körperliche, psychische und sexuelle Misshandlung. Sie ist systematisch geplant und soll dem Opfer das Gefühl des Auserwähltseins vermitteln, um die Misshandlung zu rechtfertigen.

Die Misshandlung erfolgt auf zeremonielle Weise und hat meist zum Ziel im Opfer alternative mentale Zustände herzustellen und es zu manipulieren.

Häufig zusätzlich: Mind Control

– Techniken, um das Opfer verfügbar zu machen und seine Spiritualität zu beherrschen.

– Häufig dient eine Ideologie (z.B. Satanismus, Faschismus) als Sinngebung und Rechtfertigung der Gewalt und als erlerntes Werte- und Normensystem.

– Es gibt Verbindungen zur organisierten Kriminalität (Menschenhandel, Zwangsprostitution, Drogenhandel usw.) und ein Schweigegebot.

– Ausstiegswillige werden unter Druck gesetzt, erpresst und verfolgt oder entsorgt oder entsorgen sich selbst.

– In manchen Gruppierungen sind Familien generationenübergreifend eingebunden.

– Es erfolgt eine frühkindliche Bindung an Täter, Kult und Ideologie.

– Funktionalität und Gehorsam werden durch lebenslange Konditionierung und Programmierung (Mind Control) erzwungen. Dabei wird meist schon ab Geburt absichtlich eine dissoziative Identitätsstruktur mit voneinander abgespaltenen Persönlichkeiten erzeugt.

– Ziel der systematischen Abrichtung ist es, eine innere Parallelwelt zu erschaffen, die durch die Täter jederzeit abrufbar und steuerbar ist und für die das Kind und später der Erwachsene im Alltag keine bewusste Erinnerung hat.

(Huber, Michaela, MS, anlässlich der Tagung ‚Rituelle Gewalt', Münster 2013)

Die Elemente Ritueller Gewalt sind dissoziationsfördernd:

– sadistische Gewalt

– extreme Einschüchterung

– Todesangst

– Geheimnis

– Auserwählt sein

– nur der Täter kann/ die Täter können die Tat verifizieren

(Alison Miller, in: Noblitt / Perskin 2008)

Diagnosen

Die Diagnosen der Spaltung sind:

- Posttraumatische Belastungsstörung
- Komplexe posttraumatische Belastungsstörung DESNOS
- Traumabedingte Entwicklungsstörung DTD
- Schwere dissoziative Störung
- Persönlichkeitsstörung nach Extrembelastung
- Dissoziative Identitätsstörung

„Programmierung" – Definition

Planmäßige und unter Verwendung von Folter und Verwirrung durchgeführte, erst unbedingte, dann bedingte Konditionierung mit anschließender Zuweisung von Aufgaben an bestimmte Persönlichkeitsanteile. Diese veranlassen die Person dazu, auf bestimmte Auslösereize hin kontextunabhängig Dinge zu tun, zu denken, zu fühlen, die ihrem Schutzinteresse sowie anderen Menschen schaden.

Komplex-Trauma und dissoziative Identität

In den Neunzehnhundertneunziger Jahren wurden Komplex-Trauma und dissoziative Identität erstmals deutlich und öffentlich diskutiert.

Komplex-Trauma meint eine in früher Kindheit entstehende traumabedingte Entwicklungs- und Bindungsstörung. Sie bedeutet, dass das Kind von den Erziehungspersonen verlassen, misshandelt missbraucht oder körperlich gequält wurde.

Dissoziative Identität, multiple Persönlichkeit, Viele sein: Diese Begriffe werden synonym verwendet und bedeuten:

Das Gespaltensein in viele Persönlichkeitsanteile, das meist aufgrund von sexuellem Missbrauch und Folter durch viele Täter entsteht.

Literatur

Arbeitskreis Rituelle Gewalt der Bistümer Osnabrück, Münster und Essen, Hrsg. Dialogverlag Münster 2014. Das Unheimliche unter uns.

Butollo Willi, Karl, Regina Manual zur Behandlung der posttraumatischen Belastungsstörung. Klett-Cotta, Stuttgart 2010.

Deistler, Imke und Vogler, Angelika: Einführung in die dissoziative Persönlichkeitsstörung, Paderborn, 2002. Multiple Persönlichkeitsstörung Junfermann Verlag. Paderborn 2002.

Garbe, Elke Psychotherapie eines Mädchens nach sexuellem Missbrauch, Juventa Verlag Weinheim und München, Auflage 2005.

Herman, Judith Lewis, Die Narben der Gewalt. Traumatische Erfahrungen verstehen und überwinden. Kindler Verlag GmbH München 1993.

Graessner, Gurris/ Pross. Folter. An der Seite der Überlebenden – Unterstützung und Therapien. Beck"sche Reihe. München 1996.

Huber, Michaela. (Hrsg.) Viele sein. Ein Handbuch. Komplextrauma und dissoziative Identität – verstehen, verändern, behandeln. Junfermann Verlag Paderborn 2011.

Dies. Der Feind im Innern. Psychotherapie mit Täterintrojekten. Wie finden wir den Weg aus Ohnmacht und Gewalt? Junfermann, 2013.

Hilarion G. Petzold, Hans Ulrich Wolf, Birgit Landgrebe, Zorica Josic. Das Trauma überwinden. Integrative Modelle der Traumatherapie. Junfermann Verlag Paderborn.

Huber, Michaela & Reinhard Plassmann (Hrsg.) Transgenerationale Traumatisierung, Junfermann 2012.

Huber, Michaela: Wege der Traumabehandlung, Teil 2, Junfermann Verlag. Paderborn

Huber, Michaela: Multiple Persönlichkeiten, Frankfurt, 1995. Dies, Trauma und die Folgen, Teil 1. Junfermann Verlag. Paderborn 2003.

Kunze-Kamp, Roswita. Den Müttern wird die Schuld zugeschoben. Frankfurter Rundschau, 28. Juni 1986.

Dies. Hätte ich den bloß nicht geheiratet. In Sozialmagazin, O8. 1988. Beltz-Verlag

Sand Susan. Sexueller Missbrauch in Sekten. überwinden. 3. Aufl. München 2006.

Peichl, Jochen, Innere Kinder, Täter, Helfer und Co. Ego-State-Therapie des traumatischen Selbst. Stuttgart 2007.

Rauch, Karl: Antoine de Saint–Exupery. Der kleine Prinz. 20. Auflage, Düsseldorf 2013.

Reddemann, Luise. Imagination als heilsame Kraft. Zur Behandlung von Traumafolgen mit ressourcenorientierten Verfahren. Stuttgart 2001.

Reemtsma, Jan Philipp: Im Keller. Rowohlt Taschenbuch Verlag. 6. Aufl. Hamburg 2012.

Rudolf, Gerd: Strukturbezogene Psychotherapie. Leitfaden zur psychodynamischen Therapie struktureller Störungen. Schattauer Stuttgart 2013. 3. Auflage.

Sand, Susan, H.: What is dissociated? In: Dissoziation Vol. VII, Nr. 3, S. 145 ff.

Smith, M.: Gewalt und sexueller Missbrauch in Sekten, Zürich, 1994

Temminghoff, Walburga: Eine – Sein! Viele – Sein! Eine werden? Bonn 1999

Vincent, Gabrielle: Ernest und Celestine, Carl Auer, Heidelberg 2013. Celestines Fragen.

Wildwasser Bielefeld (Hg.) 1994: Wir sind viele. Hrsg.: Arbeitskreis Rituelle Gewalt der Bistümer Osnabrück, Münster und Essen, dialogverlag Münster, 2014: Claudia Fliß: Es ist zu schaffen, S. 134 ff.